상 위 5% 총 서

상위 5%로 가는 생물교실 3

응용 생물

상위 5% 과학총서 편찬 및 집필위원
대표집필_백승용(서울과학고 생물과)
신학수(서울과학고 물리과), 이복영(서울과학고 화학과), 구자옥(서울과학고 지구과학과),
김창호(서남대 교수), 김용완(인제대 연구 교수), 김승국(서남대 교수)

집필을 도와주신 분
강찬중(동덕여고), 이진주(언주중), 전영희(서울과학고), 옥준석(서울과학고),
홍기택(서울과학고), 정현민(서울과학고), 강진철(성심여고)

기획 (주)불지사 기획실
책임 기획_이향숙
진행_김영순, 정윤경, 김소영, 임상락, 유병수

논술
대표집필_신현숙(한국언어사고개발원 부원장)
최윤지(한국언어사고개발원 연구원), 신운선(한우리독서문화운동본부 강사),
김은영(독서교육기관 강사), 김주희(평생교육원 독서논술 강사),
신혜금(평생교육원 논술, 독서치료 과정 강사), 인선주(한우리독서지도사, 한국독서지도연구회 연구원)

교정 · 교열
이경윤, 장경원, 이승희, 박영숙, 길문숙

그림 김중석
사진 시몽포토에이전시, 유로포토서비스, 타임스페이스, 연합뉴스, 감마통신
사진 리서치 홍수진(시몽포토에이전시)
디자인 씨오디Color of dream

상 위 5 % 총 서

상위 5%로 가는 생물교실 3

신학수(서울과학고) 이복영(서울과학고) 백승용(서울과학고)
구자옥(서울과학고) 김창호(서남대) 김용완(인제대) 김승국(서남대)

응용 생물

스콜라

과학의 기초, 원리, 개념부터 통합 과학 논술까지 책임진다

'상위 5% 총서'는 자라나는 청소년들이 '대한민국 상위 5%'가 되기 위해 반드시 알아야 할 학습 내용과 지식을 담은 시리즈입니다. 국내 최초의 학습총서인 이 시리즈를 위해 지난 3년간 각 분야의 전문가 선생님들이 모여 50권의 방대한 분량을 기획하고 집필하여 왔습니다.

그 중 20권을 차지하는 본 과학 시리즈는 특목고, 자립형 사립고 등 상위권 고등학교 진학을 목표로 공부하는 초등학생과 중학생을 대상으로 기획, 편찬하였습니다. 이 과학 시리즈의 특징은 학생들이 '스스로 탐구하고 생각할 수 있도록 이끌어주는 지팡이의 역할'을 한다는 데 있습니다.

우리는 우선, 학생들이 어떻게 해야 과학 공부가 즐거워지고, 장차 훌륭한 과학도가 되게끔 인도할 수 있을까를 고민하였습니다. 우리가 가장 중요하게 생각한 것은 이 책을 읽는 미래의 주인공들에게 '과학은 참으로 재미있다', '과학 공부는 해 볼 만하다'라는 흥미를 심어 주는 것이었습니다.

그래서 오랫동안 교단에서 학생들을 가르쳐 오신 과학 선생님들이 한 자리에 모여 여러 차례 토론과 학습을 거친 끝에, 다양한 경험과 지식, 교육적 노하우를 담아 과학 학습을 총마스터 할 수 있는 20권의 과학총서를 만들게 되었습니다.

본 과학 시리즈는 모든 학습의 기본인 교과서의 주요 체계를 따라 기초 단계, 응용 단계로 분류하여 구성하였습니다. 특히 학교에서 교과서의 제한된 내용을 중심으로 가르칠 수밖에 없었던 아쉬움을 극복하기 위해, 보다 넓은 주제를 제시하고 심화 학습할 수 있도록 하였습니다.

과학 과목을 공부하는 데 있어서 가장 중요한 것은 원리와 개념을 제대로 이해하는 것입니다. 과학고 선생님들이 주축이 되어 만든 이 책은 지식 전달 위주의 구성이 아니라, 이론이나 법칙, 공식의 생성 과정 등을 상세히 알려 줌으로써 학생들이 원리와 개념을 제대로 이해할 수 있도록 하였습니다. 자칫 딱딱하고 어려워질 수 있는 학습 주제들에 대해서는 실생활과 밀접한 사례나 에피소드를 들어 쉽게 이해할 수 있도록 하였습니다. 동시에 개념과 용어가 나오게 된 배경을 설명해 줌으로써 학생들이 호기심과 흥미를 가지고 읽을 수 있도록 하였습니다.

이 책을 읽는 학생들은 기초 과학은 물론, 응용 과학, 생활 과학, 과학사, 전통 과학까지 입체적으로 바라볼 수 있으며, 과학 전반에 대한 안목과 교양을 쌓을 수 있습니다. 더불어 특목고, 자사고 등 명문 고등학교에서 요구하는 기본 학습 목표에 충분히 도달할 수 있습니다. 또한 점차 큰 비중을 차지하는 논술 공부를 책 끝에 마련하여 새로운 통합 과학 논술의 시범적 사례를 제시하였습니다. 이 부분이 학생들에게 많은 도움이 되리라는 것은 의심할 여지가 없을 것입니다.

앞으로 우리나라 과학 학습은 단답식이 아닌 서술형 문제에 대한 체계적인 설명 능력의 비중이 커질 것입니다. 원리나 개념을 정확히 이해하지 못한 채 단순 암기식 공부만으로는 이제 문제에 대처해 나갈 수 없습니다.

이 시리즈에 담긴 탄탄한 학습적 구성과 배경 설명들은 탐구력과 창의력을 목표로 하는 교육 방향과 일치하여, 학생들의 실력 배양에 든든한 밑바탕이 될 것으로 확신합니다.

교육 일선에서 노력하시는 많은 선생님들과 자녀들 뒷바라지에 노고를 아끼지 않으시는 학부모님들께 다시 한 번 감사드리며, 새롭게 선보이는 '상위 5% 총서' 시리즈에 깊은 관심과 성원을 부탁드립니다.

'상위 5% 과학총서 편찬위원' 일동

과학은 자연에 대한 호기심에서 시작한다

최초로 현미경을 발명한 얀센은 과학자가 아닌 안경사였습니다. 얀센은 어느 날 우연히 렌즈가 두 개 겹쳐진 아래로 글자를 보았는데, 글자가 크게 보이는 것을 발견하고는 두 개의 볼록 렌즈를 이용하여 현미경을 만들었습니다.

이렇게 만들어진 현미경이 차츰 발전하여 생명의 기본 단위인 세포가 발견됐고, 병원균도 발견됐습니다. 그리고 유전 물질인 DNA가 세포핵 속에 자리잡고 있는 것도 밝혀졌습니다. 현미경은 생물학의 발달에 있어 빼놓을 수 없는 중요한 역할을 톡톡히 하였습니다.

과학은 아주 작은 현상도 그냥 지나치지 않는 일에서 시작됩니다. 과학은 자연을 잘 관찰하고 이해하는 것입니다. 과학은 머리 좋은 사람들이나 공부하는 어렵고 골치 아픈 과목이라고 생각하는 친구들이 많지만 자연에 대한 호기심만 있어도 누구나 다 과학자가 될 소질이 있습니다.

생물은 생명 현상에 대해 공부하는 과목입니다. 모든 자연 현상이 그렇겠지만 생명만큼 신비한 것도 없습니다. 끝도 없이 넓은 이 우주에서 생명체가 발견된 곳은 아직 지구뿐인 것만 봐도 그렇습니다. 오래전부터 수많은 과학자들이 이 신비한 생명체에 대해 연구해 왔고 앞으로도 그럴 것입니다.

21세기는 생물학의 시대로 부를 정도로 생물학의 위상이 높아지고 있습니다. 특히 20세기 중반에 DNA의 분자 구조가 밝혀지면서 생물학은 눈부신 발전을 거듭하였으며, 물리학과 화학 등 주변 과학 기술의 발달로 생물이 나타내는 생명 현상을 원자나 분자 수준에서 설명하고 조작하는 일이 가능해졌습니다.

생물학은 이러한 분자 생물학의 대두로 인해 생명 현상의 본질인 유전자의 해명과 그 응용을 기초로 하여 새로운 개념의 생명 과학으로 도약하게 되었습니다.

오늘날의 생물학은 생명 본질에 대한 순수한 지적 호기심의 충족 외에도 폭넓은 응용 분야와 기술의 발달을 이용하여 인류가 당면한 여러 가지 어려운 문제점에 대한 해결 방안을 제시해 주리라 믿습니다. 끊임없는 과학 문명의 발달에도 불구하고 아직까지 정복하지 못한 질병과 노화, 환경오염, 식량 문제 등 각종 문제에 대한 실마리는 생물학을 통해 얻을 수 있을 것이라는 것이 일반적인 전망입니다.

흔히 생물은 다른 과학 과목에 비해 외울 것이 많아서 재미가 없다고들 합니다. 그건 생물에 대해 잘 몰라서 하는 말입니다. 모든 생명 현상은 다 이유가 있고, 일정한 원리에 의해 움직이고 있습니다. 이러한 원리들을 하나하나 이해하고 보면 모든 현상들이 연결되어 있다는 것을 알 수 있습니다.

우리 몸에서 일어나는 모든 현상들을 당연하게 받아들이는 대신 '왜'라는 질문을 던지면서 생각한다면 생물이 한결 재미있는 과목으로 다가올 것입니다.

이 책 응용 생물은 기초 생물에서 배운 기본 개념을 토대로 생활 속 과학을 익힐 수 있게 도와 줍니다. 기초 생물에서 추상적으로 이해할 수 있었던 개념들이 이 책을 통해 보다 구체적으로 이해 될 수 있을 것입니다.

대표집필 백승용(서울과학고 생물과 교사)

일러두기

생물 여행자를 위한 안내서

본 시리즈 내에서 각 과목의 내용이 어떻게 구성되어 있는지 보여준다.

관련 교과(관련 내용)

각 장에서 다루는 주제들이 교과서 또는 과학 원리와 어떻게 연계되는지 제시하였다.

팁

본문에 나오는 어려운 용어, 역사적인 사건, 과학 이론 등을 따로 떼어서 쉽고 자세한 설명을 붙여 이해도를 높였다.

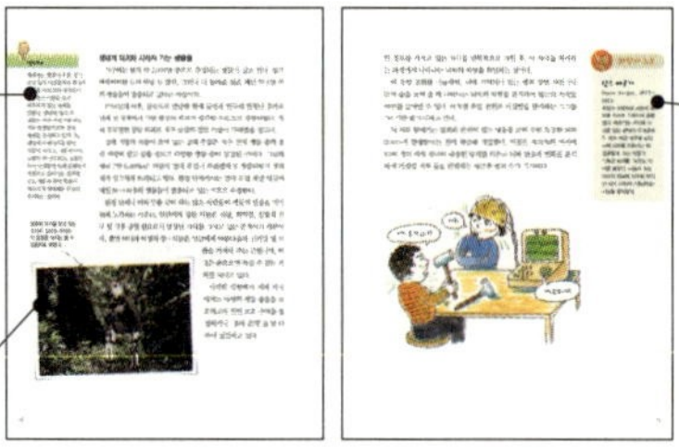

과학자 노트

본문에 나오는 과학자에 대한 정보를 알 수 있도록 생애와 업적을 간략히 소개하였다.

사진

눈으로 보고 확인할 수 있는 다양한 시각 자료를 통하여 본문의 내용을 깊이 있게 이해하도록 도와준다.

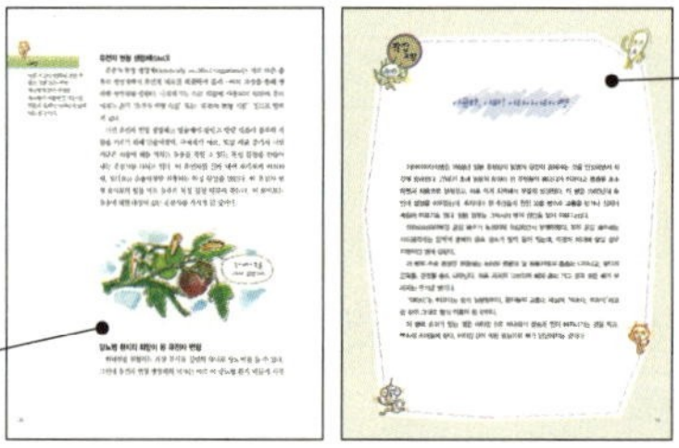

확장 교양

본문 내용과 관련하여 폭넓고 깊은 지식을 별도로 담아 지식의 폭을 넓히도록 하였다.

그림

학습 내용과 관련된 그림을 제시하여 이해를 도울 뿐 아니라 흥미를 유발하여 학습 동기를 갖게 하였다.

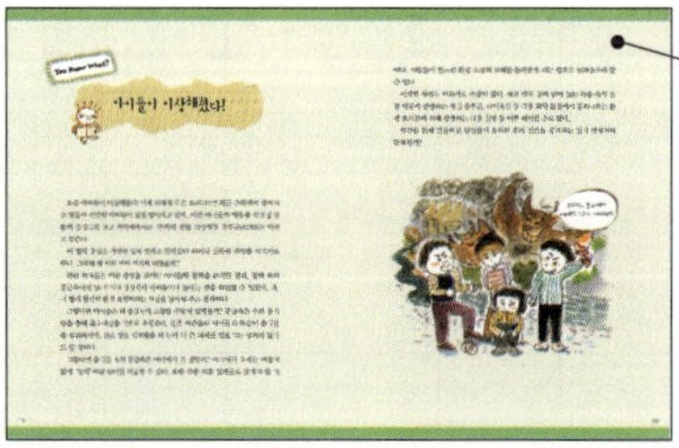

You Know What?

본문의 주제와 관련하여 알려지지 않은 흥미로운 이야기들, 역사적인 사건 등을 소개한다.

논술로 다시 읽는 응용 생물

책에서 다루는 주제들을 3개의 통합 주제로 묶어 글 읽는 방법, 생각하는 방법, 글 쓰는 요령, 토론하는 자세 등 맞춤형 논술을 제시한다.

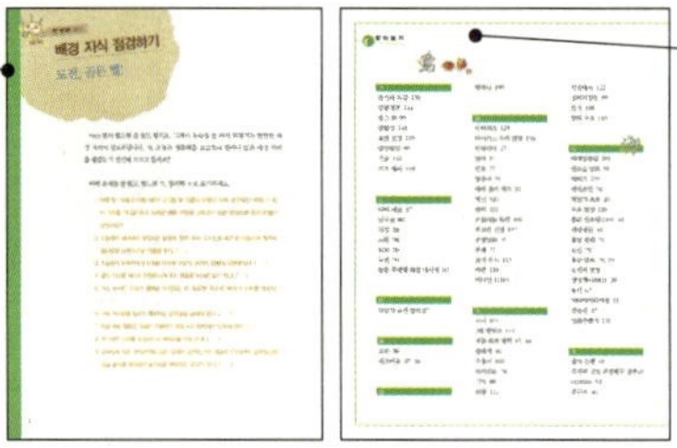

찾아보기

궁금하거나 알고 싶은 주제어를 빨리 찾아볼 수 있도록 해당 주제어가 나오는 페이지를 표시하였다.

생물 여행자를 위한 안내서

다섯 단계 생물 여행

생물은 기초 생물(상), 기초 생물(하), 응용 생물, 생물학사, 첨단 생물의 5단계로 구성되어 있다. 기초 단계에서는 중 · 고등학교 교과 과정에서 배우게 되는 생물의 기초 개념들을 다루어 알기 쉽게 설명하였으며, 응용 단계에서는 현재 과학의 각 분야에서 가장 핵심적인 개념들과 함께 생물이 우리의 생활과 직접 연관되는 부분들을 짚어 주어 실생활 속에서 과학을 발견할 수 있도록 하였다. 생물학사 단계에서는 생물학의 발달 과정을 통해 과학자들의 삶을 소개하고, 또한 기초 단계나 응용 단계에 나타난 다양한 개념을 확실히 다져 준다. 첨단 단계는 현재 논의되는 과학의 주요 이슈를 알기 쉽게 소개함으로써 독자들에게 과학에의 꿈을 갖게 해 준다.

생물 교실 1

기초 생물 상

생물과 무생물
현미경
세포의 구조와 기능
생물의 구성
영양소
소화와 흡수
호흡 기관
호흡 운동과 호흡의 원리
혈액의 구성과 기능
광합성과 호흡
줄기와 뿌리
잎의 구조와 기능
꽃과 열매

생물 교실 2

기초 생물 하

소화
순환
배설
감각 기관
신경계
호르몬
면역계
생식과 발생
세포 분열
유전자
유전병
멘델의 법칙
사람의 생식 기관
생물의 진화

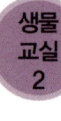

생물 교실 3

응용 생물

- 종자 은행
- 유전자 변형 기술
- 웰빙과 친환경
- 환경 공학
- 생체 모방 공학
- 과학 수사대
- 발효 식품
- 신약 개발
- 노화 방지
- 백색 식품
- 다이어트
- 바이러스와 백신
- 기능성 식물

생물 교실 4

생물학사

- 현미경의 발달
- 세포의 연구
- 광합성의 연구
- 소화의 연구
- 순환의 연구
- 질병의 연구
- 신경계의 연구
- 약물 발달의 역사
- 유전의 연구
- 진화의 연구
- 호르몬의 연구
- 비타민의 발견
- 생물학의 발달사
- 동의보감과 자산어보

생물 교실 5

첨단 생물

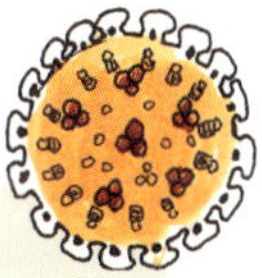

- 줄기 세포
- 포스트 게놈 프로젝트
- 인공 혈액
- 생체 정보 인식 시스템
- 사이보그
- 가상 세포
- 바이오 에너지
- 나노 기술
- 네오 기관
- 바이오 센서
- 스마트 약
- 기능성 먹거리
- 바닷속 보물을 찾아서
- 첨단 과학과 윤리

차례

종자 은행 01

관련 교과

중학교2 과학

4. 식물의 구조와 기능 / 꽃과 열매

고등학교 생물 II

4. 생물의 다양성과 환경 / 종의 개념과 계통수

생태계

생태계는 햇빛이나 물, 공기, 토양 등의 비생물적인 환경과 생명을 가진 모든 생물들이 복합적인 연관을 갖고 어우러져 있는 체계를 말한다. 생태계 내의 각 생물은 마치 기계 부품처럼 서로 연결됨으로써 전체 체계를 유지하고 있다. 즉, 태양에서 에너지를 얻어 식물이 자라고, 식물은 다시 동물의 먹이가 되고, 동물은 죽어 미생물에 의해 분해되어 자연으로 돌아가는 것처럼 모든 생물과 주변 환경이 어우러져 생태계를 만들고 유지하는 것이다.

생태계 파괴와 사라져 가는 생물들

지구에는 현재 약 2,000만 종으로 추정되는 생물이 살고 있다. 실로 어마어마한 수가 아닐 수 없다. 그러나 더 놀라운 것은 매년 약 3만 종의 생물들이 멸종되고 있다는 사실이다.

1950년대 이후, 급속도로 발달한 현대 문명과 인구의 엄청난 증가로 인해 전 세계에서 자연 환경의 파괴가 심각한 수준으로 진행되었다. 특히 무분별한 삼림 파괴로 지구 삼림의 절반 이상이 사라졌을 정도다.

열대 지방의 식물이 모여 있는 열대 우림은 지구 전체 생물 종의 절반 이상이 살고 있을 정도로 다양한 생물 종이 밀집된 곳이다. 그런데 매년 7만 6,000km^2 가량의 열대 우림이 무분별하게 개발되면서 생태계가 심각하게 파괴되고 있다. 환경 단체에서는 열대 우림 개발 때문에 매일 50~100종의 생물들이 멸종되고 있는 것으로 추정한다.

환경 단체나 이와 뜻을 같이 하는 많은 사람들이 생물의 멸종을 막기 위해 노력하는 이유는, 인간에게 생물 자원은 식량, 의약품, 실험적 연구 및 각종 공업 원료로서 엄청난 가치를 가지고 있는 존재이기 때문이다. 뿐만 아니라 야생의 동 · 식물은 인간에게 아름다움과 신기함 및 기쁨을 가져다 주는 근원이며, 이것은 돈으로만 따질 수 없는 가치를 지니고 있다.

이러한 상황에서 세계 각국에서는 야생의 생물 종들을 보호하고자 천연 보호 구역을 설정하거나 '종자 은행'을 앞 다투어 설립하고 있다.

멸종 위기에 처한 오카피

앞으로 우리는 이 동물을 다시는 볼 수 없을지도 모른다.

생물 해적 행위

20세기 초, 영국은 브라질에서 훔쳐 온 고무나무를 동남아시아에서 재배하여 세계 고무 시장에 내다 팔았다. 이 일로 영국은 엄청난 이익을 거뒀다. 이외에도 유럽 국가들은 식민지에서 금, 은 같은 귀금속뿐만 아니라 식량, 섬유, 염료, 의약품 등의 원료가 되는 새로운 생물자원을 찾아내어 자신들의 잇속을 챙겼다.

오늘날의 다국적 기업들은 생물자원을 개발하는 기술이 고도로 발달했으며, 직접 식물을 찾아 나서기보다는 식물의 유전자 지도를 완성하기 위해 노력을 기울이고 있다.

특히, 다국적 기업들이 의학적인 용도로 사용하기 위해 탐색하는 식물의 유전자는 대부분 적도 남쪽 지방 생태계에 존재한다. 사실상 식물에서 추출한 원료로 만든 모든 처방약의 4분의 3은 남반구 토착민이 사용하던 약에서 유래한 것일 정도이다. 한 예로 외과 수술용 마취제로 쓰이는 약은 아마존 지역 인디언들이 동물을 기절시키기 위해 사용하던 식물 추출물에서 유래했다.

따라서 남반구 사람들은, 북반구의 다국적 기업들이 개발했다고 주

장하는 것들이 사실상 남반구의 토착민들이 수 세기 동안 축적해 놓은 지식을 도적질한 셈이라고 주장한다. '생물 해적 행위' 라는 말이 생긴 것도 바로 이 때문이다.

약탈당한 우리 종자

우리나라는 남쪽의 아열대 지방과 북쪽의 한대 지방이 만나는 지점에 있는 전형적인 온대 지역이기 때문에 사계절의 기온 변화가 매우 심하다. 따라서 다른 지역에 비해 서식하는 식물들이 매우 다양하고 특이한 것들이 많다. 특히, 우리나라에서 자라는 4,000여 종 가량의 식물 중 약 400여 종은 한국에서만 자생하는 특산 식물인데, 이는 좁은 면적에 비해 상당히 많은 수라고 할 수 있다.

그런데 이러한 우리나라만의 특산 식물을 잘 관리하지 못한 까닭에, 한국산 특산 식물이 외국 식물로 둔갑하는 등의 식물 약탈 행위가 곳곳에서 일어나고 있다.

우리나라의 '홍도비비추'가 '잉거비비추' 라는 낯선 이름의 미국산 식물로 둔갑하는가 하면, 식물 병에 저항성이 강한 참나리의 유전 형질은 유럽의 백합 개량에 사용되었다. 또한, 북한산의 털개회나무는 외국에서 '미스킴라일락' 이라는 이름으로 개발되어 역수입되기도 하는 등

우리나라의 특산 식물을 약탈하는 행위가 빈번히 일어나고 있다. 이제 부터라도 상황의 심각성을 깨닫고 대비를 확실히 해야 할 것이다.

발아

일반적으로 식물의 종자에서 싹이 트는 것을 발아(發芽)라고 하나, 가지나 뿌리에서 싹이 돋아나는 현상까지 포함한다.

소리 없는 전쟁터, 종자 은행

우리가 흔히 씨라고도 부르는 종자는 자신이 살아가기에 적당한 환경이 될 때까지 휴면 상태를 유지한다. 즉, 동물로 치면 겨울잠을 자는 상태에 비유할 수 있다. 이때 종자는 겉을 단단하게 싸고 있는 종피(씨껍질)에 의해 보호되면서 휴면을 한다. 휴면 기간은 종자에 따라 다른데, 짧게는 수 주에서 길게는 수 년이 걸린다. 심지어 어떤 종자는 수백 년 동안 휴면을 지속하다가 적당한 환경을 만나면 발아하는 일도 있다.

과학자들은 이러한 종자의 성질을 이용하여 여러 가지 종자들을 저장해 두었다가 필요에 따라 꺼내 쓸 수 있는 '종자 은행'을 생각해 냈다. 종자 은행은 원래 우리 생활에 필요한 작물들의 종자를 품종별로 정리하여 저장해 둠으로써, 이를 재배하고자 하는 농가에 언제든지 공급할 수 있도록 하기 위해 만들었다. 또한 종자 은행은 막대한 비용을 들여 개발한 품종이 새로운 품종에 밀려 멸종되는 것을 방지할 수 있고, 각 품종이 가진 유용한 유전자를 보존하는 역할도 한다.

그런데 언젠가부터 종자 은행이 애초의 목적에서 벗어나기 시작하더니, 지금은 종자를 더 많이 확보함으로써 거대한 이익을 내기 위한 수단으로 변해 버렸다. 심지어 '종자 전쟁'이라는 말이 나올 정도로 세계 대부분의 나라들은 자국의 종자를 보호하고 새로운 종자를 확보하기 위해 치열한 경쟁을 벌이고 있다.

종자 은행의 모습

역전사 효소

DNA의 암호화된 정보가 RNA로 복사되는 과정을 전사라고 한다. 이와 반대로 RNA를 주형으로 하여 역으로 DNA로 전사하는 과정을 역전사라고 한다. 역전사를 촉매하는 효소가 역전사 효소이다.

이처럼 종자의 보존과 공급을 위해 태어난 사업이 종자 전쟁이라는 세계적 싸움으로 확대된 이유는, 조류 인플루엔자 같은 새로운 전염병과 당뇨, 천식 등 난치성 질환의 치료를 위한 실마리가 식물 자원에 있다고 믿기 때문이다. 즉, 과학자들은 화학물의 합성만으로는 새로운 약품을 개발하는 데 한계가 있음을 깨달았고, 대신 자연에서 생산되는 다양한 화학 물질들에 눈길을 주기 시작했다. 만약 새로운 약을 개발하는 데 성공하면 막대한 돈을 벌어들일 수 있기 때문에 세계적인 관심사가 된 것이다.

다시 계산해 본 식물의 몸값

현재 수많은 질병에 시달리고 있는 인류에게 신약은 가장 부가 가치가 높은 생명 공학 분야라고 할 수 있다.

최근 말레이시아의 열대 식물에서 발견한 '칼라놀라이드 에이' 라는 약물은 에이즈 바이러스의 증식에 중요한 역할을 하는 역전사 효소를 억제하는 효과가 있으며, 또한 기존의 에이즈 치료제인 AZT에 저항성을 갖는 바이러스에도 효과가 우수하다는 사실이 밝혀졌다.

국내에서는 지금까지 자생 식물인 쑥에서 위염 치료제가 개발됐고 큰꽃으아리, 하늘타리, 꿀풀 등에서 관절염 치료제가 개발되기도 했다.

이렇게 식물을 이용한 신약 개발 기술이 발달하면서 각종 약용 식물의 부가 가치가 엄청나다는 사실을 알게 되었다. 이에 따라 각국은 자국의 특산 식물을 보호하고자 '종자 전쟁'을 벌이고 있는 것이다.

우리나라의 종자 은행

세계적인 추세에 따라 우리나라도 1987년부터 농촌진흥청 농업 생명공학 연구원 주도로 종자 은행(현 국립 농업 유전자원 센터)을 만들어 운영하고 있다. 이 종자 은행에는 2005년 말 기준으로 식량 작물, 특용 작물, 원예 작물 등의 종자가 약 15만 2,000여 점 보관되어 있으며, 이 중 순수한 우리나라 토종 작물은 약 3만 800여 점에 이른다.

또한, 종자 은행에서는 종자만 보관하는 것이 아니라, 종자들의 DNA 정보를 저장하는 은행을 운영 중이다. DNA는 식물의 유전적 형질이 들어 있는 중요한 부분이기 때문에 DNA 은행을 국립 농업 유전자원 센터에 따로 만든 것이다. 현재 DNA 은행에는 토종 식물 약 1만 5,000점의 DNA 정보가 보관되어 있다.

각종 창작물에 저작권이 있는 것처럼 앞으로는 식물의 종자뿐 아니라 DNA에도 국가 고유의 권리를 인정하게 된다. 따라서 다른 나라에서 우리 식물 종자의 DNA를 이용하려면 사용료를 내야만 할 것이다.

▶ **국내 유전자원 보유 현황 (단위 : 점)**

	2000년	2001년	2002년	2003년	2004년	2005년
식량 작물	110,797	111,714	113,204	113,725	114,754	115,658
특용 작물	18,038	18,134	18,249	18,249	18,383	18,461
원예 작물	13,516	13,539	13,719	13,719	14,140	14,345
사료 및 기타	3,803	3,805	3,805	3,805	3,805	3,805
계	146,154	147,192	148,977	149,498	151,082	152,269

자료 : 농촌진흥청

You Know What?

지구 최후의 날 저장고

국가 간의 종자 전쟁과는 별도로 인류의 종말에 대비한 세계적인 종자 은행도 만들어지고 있다.

몇몇 과학자들은 가까운 미래에 핵전쟁이나 지구와 소행성의 충돌, 지구 온난화, 환경 오염 등에 의해 지구에 대재앙이 닥칠 것이라고 예견한다. 특히 이런 예견들이 영화로 만들어지면서 세계의 많은 사람들이 미래에 대해 걱정하기 시작했다. 이런 이유로 비상시에 식량을 안전하게 공급하기 위해 '최후의 날 저장고(doomsday vault)' 라는 이름의 종자 은행을 만들었다.

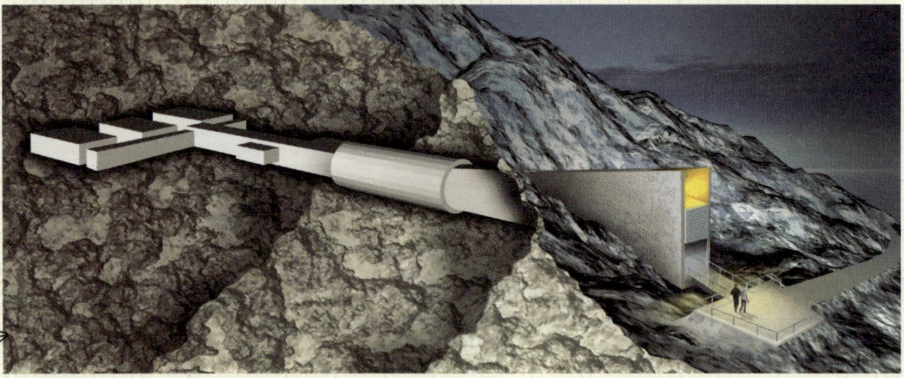

스발바르 국제 종자 저장고(최후의 날 저장고)

이 종자 은행은 노르웨이 북부에서 1,000km 떨어진 스발바르 섬에 위치한다. 2006년 공사를 시작하여 2008년 2월 완공하였다. 전 세계 종자 은행과 국제 곡물 다양성 신탁(GCDT)을 통해 수집된 400만 종 이상의 식물 종자가 보관될 예정이다. 한편 2008년 6월 9일 우리나라에서 보낸 벼, 보리, 콩, 땅콩, 기장, 옥수수 종자 5,000여 점이 저장고에 들어갔다.

그러나 어떤 학자들은 이런 정도의 종자 은행으로는 불안하다며 아예 달나라에 종자 은행을 건설하자고 주장한다. '최후의 날 저장고'는 지구에 사람이 살아남아야만 그 종자를 이용할 수 있는데, 만약 아무도 살아남지 못한다면 아무런 소용이 없다는 것이다.

달나라에 종자 은행을 만들면 인류가 멸망하더라도 달 기지를 운영하는 사람들이 마치 성경에 나오는 최초의 인간인 아담과 이브처럼 종자 은행을 이용하여 다시 인류의 문명을 만들어 낼 수 있을 것이라는 주장이다.

초강력 울트라 캡숑 생명체가 태어났어요!
하이!

유전자 변형 기술 02

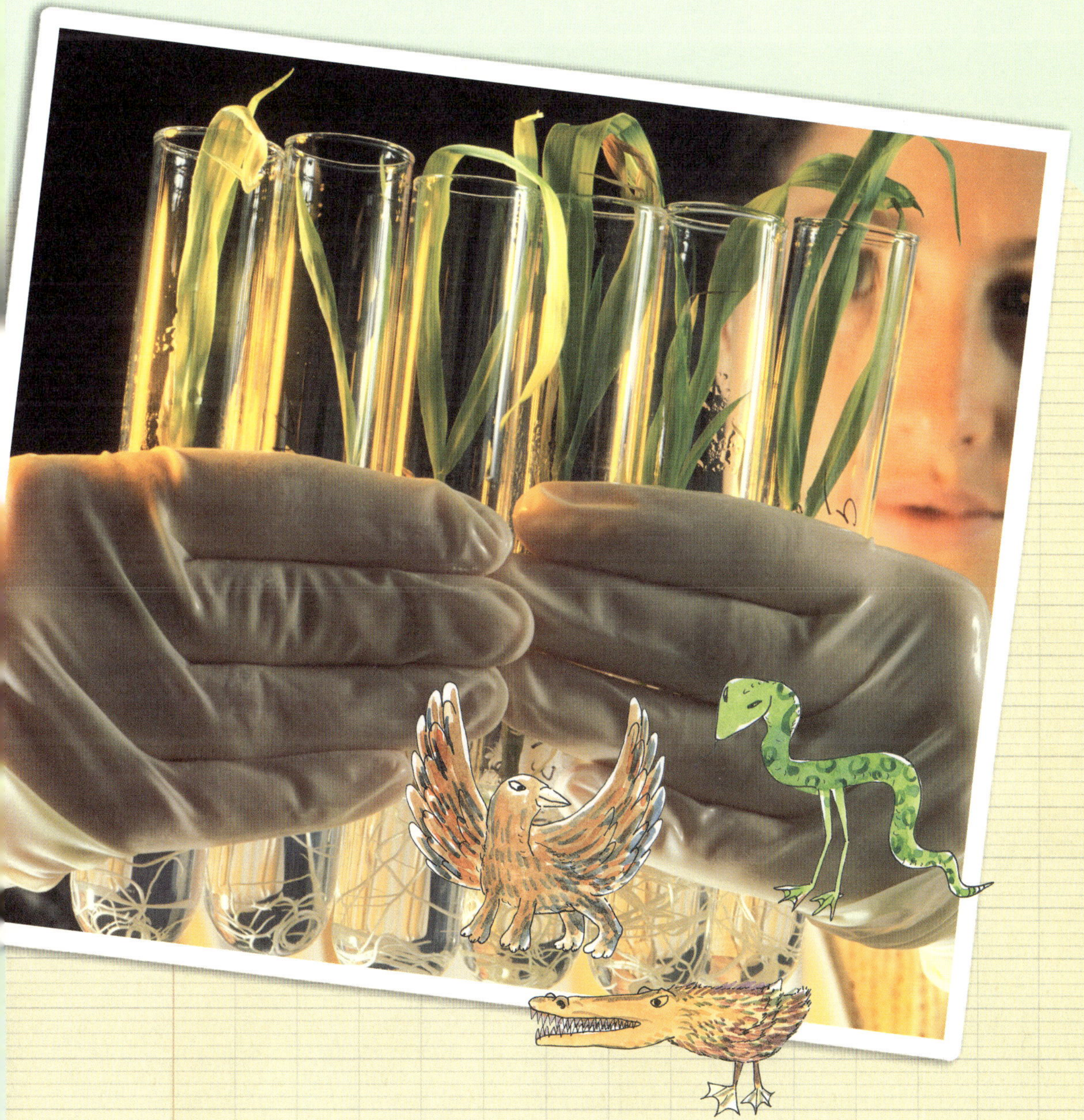

고등학교 생물 I

8. 생명 과학과 인간의 생활 / 현대 생물학과 인간의 미래

고등학교 생물 II

5. 생물학과 인간의 미래 / 생명 공학

관련 교과

내성

어떤 조건의 변화에 견딜 수 있는 성질 또는 어떤 세균에게 같은 약물을 계속해서 사용하면 나중에는 약물의 효력이 나타나지 않게 되는 현상이다.

유전자 변형 생명체(GMO)

유전자 변형 생명체(Genetically Modified Organism)는 서로 다른 종류의 생명체에서 유전적 재료를 채취하여 분리 · 이식 과정을 통해 생산한 생명체를 말한다. 아직까지는 주로 식물에 사용되기 때문에 우리에게는 흔히 '유전자 변형 식물' 또는 '유전자 변형 식품' 정도로 알려져 있다.

이런 유전자 변형 생명체는 병충해에 강하고 영양 성분이 풍부한 작물을 키우기 위해 만들어졌다. 구체적인 예로, 토양 세균 중에서 어떤 세균은 식물에 해를 끼치는 유충을 죽일 수 있는 독성 물질을 만들어 내는 유전자를 가지고 있다. 이 유전자를 잘라 내어 토마토에 이식하면, 토마토는 유충에게만 적용되는 독성 물질을 만든다. 이 유전자 변형 토마토의 잎을 먹은 유충은 독성 물질 때문에 죽는다. 이 토마토는 유충에 대한 내성이 있는 유전자를 가지게 된 것이다.

당뇨병 환자의 희망이 된 유전자 변형

현대인을 위협하는 가장 무서운 질병의 하나로 당뇨병을 들 수 있다. 그런데 유전자 변형 생명체의 역사는 바로 이 당뇨병 환자 때문에 시작

되었다고 해도 과언이 아니다.

당뇨병은 대부분 인슐린이라는 호르몬이 부족하기 때문에 발병한다. 인슐린은 몸속에서 생산되는 물질로 혈액 속의 포도당을 세포로 이동시켜 혈액의 혈당을 낮추어 주는 역할을 한다. 만약 인슐린이 충분히 만들어지지 않는다면 혈당 조절이 안 되기 때문에 몸속의 포도당이 오줌으로 배출되는 당뇨병에 걸린다.

당뇨병을 치료하는 일반적인 방법은 인슐린을 인위적으로 보충하는 것이다. 즉, 환자의 몸속에 외부에서 만든 인슐린을 지속적으로 투여하는 방식이다. 처음에는 소의 췌장에서 얻은 인슐린으로 약을 만들었다. 하지만 그 양이 매우 적었기 때문에 값이 무척 비쌌다. 또한 소의 인슐린은 사람의 것과 일치하지 않았기 때문에 어떤 환자는 알레르기를 일으키기도 했다.

이런 상황에서 유전자 변형 기술이 결정적인 해결책을 제시했다. 인간의 인슐린 유전자를 박테리아에 이식하여 인슐린을 생산한 것이다. 박테리아는 번식력이 매우 강하기 때문에 짧은 시간에 많은 양의 인슐린을 만들 수 있었다. 이로써 전 세계의 당뇨병 환자들이 부작용이 없는 인슐린을 싼 값으로 공급받을 수 있게 되었다.

박테리아

박테리아는 세균의 영어식 이름이다. 박테리아는 하등한 생물체로서 일반적으로 단세포로 활동하는 미생물을 모두 일컫는 말이다. 흙이나 물속 같은 외부 환경은 물론 동물의 위나 장에서도 살 수 있다.

▶ 당뇨병 환자는 대부분 인슐린이 부족해 외부에서 계속 투여해 주어야 한다.

당뇨병 환자의 인슐린 / 정상인의 인슐린

뗐다 붙였다 하는 유전자 변형

유전자 변형 생명체를 만들기 위해서는 유전자를 줄 생물체와 유전자를 받을 생물체가 필요하다. 앞의 이야기처럼 박테리아를 이용해 인슐린을 대량으로 생산하기 위해서는 사람의 유전 물질에서 인슐린을 만드는 유전자를 찾아 박테리아의 유전자에 이식해야 한다.

그러나 이 작업이 만만치는 않다. 유전자는 DNA라는 복잡한 물질로 구성되어 있는데, DNA는 또 아데닌, 구아닌, 티민, 시토신 등의 물질이 매우 길고 복잡하게 배열된 구조를 가지고 있다. 그리고 인슐린을 만들어 내는 유전자는 이 배열 중에서도 일부분이다. 따라서 우리가 원하는 특정 부분을 찾는 것은 마치 모래밭에서 바늘을 찾는 것처럼 매우 어려운 일이다.

이를 위해 고안해 낸 방법이 인슐린 유전자를 가지고 있는 사람과 인슐린 유전자를 가지고 있지 않은 사람의 유전자를 잘게 잘라서 비교해 보는 것이다.

DNA 구조 모형

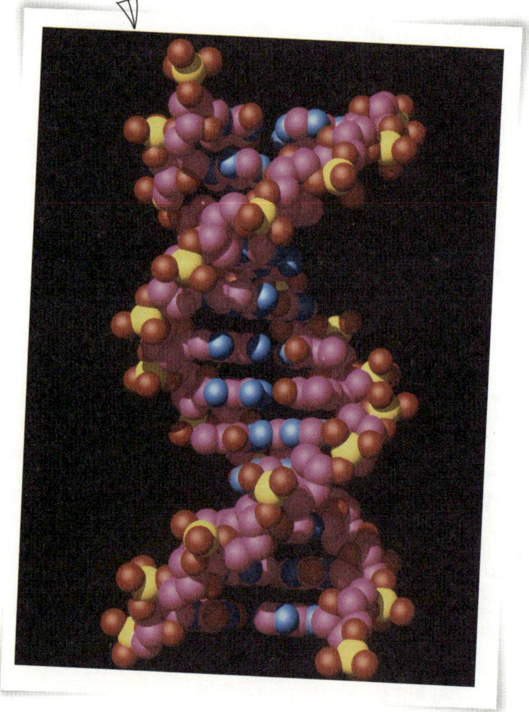

한편 박테리아의 세포에는 '플라스미드'라는 DNA가 있는데, 이것은 생존에 필수적인 염색체 DNA와는 독립적으로 존재하면서 세포 내에서 독자적으로 증식할 수 있다. 또한 플라스미드는 다른 종의 세포에도 전달될 수 있다. 이러한 특징 때문에 플라스미드를 세포에서 꺼내 일부분을 잘라 내고 여기에 다른 생물의 유전자 조각을 끼워 넣어도 박테리아 세포는 죽지 않고 살 수 있는 것이다.

바로 이러한 성질을 이용해 앞에서 찾아 놓은 인슐린 유전자를 플라스미드의 잘라 낸 부분에 끼워 넣고 다시 박테리아의 몸에 넣으면 인슐린을 생산하는 새로운 박테리아를 만들 수 있다.

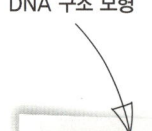

유전자 변형 식품 먹어도 될까

다른 종의 유전자를 집어넣어 만든 유전자 변형 식품은 인류가 그동안 한 번도 먹어 보지 않았던 식품이다. 그리고 인간이 먹어 본 적 없는 미생물이나 세균의 유전자가 포함된 식품이라는 점에서, 수천 년 동안 먹어서 검증되어 온 다른 식품과는 달리 근본적인 위험성을 안고 있다.

유전자 변형 식품은 다른 생명체의 유전자를 이식해 만들어 낸 새로운 물질이기 때문에 알레르기 유발 가능성이 제기되고 있다. 또한 이식된 유전자가 원래 그 종에는 없는 새로운 성분을 만들기 때문에 이 과정에서 생산되는 물질이 전혀 예상치 못한 독성을 나타낼 가능성도 있다. 그리고 유전자 변형 생물체를 개발할 때 원하는 유전자가 올바르게 삽입됐는지를 확인하기 위한 표시 유전자로 항생제 내성 유전자를 많이 사용한다. 따라서 항생제의 효과 저하나 내성 유전자가 생길 위험성도 있다.

이런 이유로 유전자 변형 식품에 반대하는 움직임이 유럽을 중심으로 거세게 일어나고 있다. 사실 우리나라 사람들도 유전자 변형 생명체에 대해 좋지 않은 인상을 가지고 있다.

그러나 반대하는 사람만 있는 것은 아니다. 찬성론자들은 식품에서 절대적 안전성이란 없으며, 유전자 변형 생물체의 유전자는 모든 재래 식품에 존재하는 유전자와 결코 다르지 않다고 말한다. 또한, 많은 과학자들이 유전자 변형 생물체가 다른 식품에 비해 안전성이 떨어질 이유는 없다고 주장한다.

유전자 변형 생명체에 대한 찬반 논쟁은 쉽사리 끝나지 않을 것이다. 그러나 많은 과학자들은 지금 이 순간에도 영양가가 높고, 보다 많은 양을 수확할 수 있는 작물을 만들기 위해 유전자 변형을 하고 있다. 인구가 폭발적으로 증가하면서 환경이 파괴되고 오염되는 상황에서, 고품질 작물의 수량 증가와 경작지 확대 등 많은 분야에서 유전자 변형 기술이 필요하기 때문이다.

확장교양

체세포 배아 복제 줄기 세포 연구

체세포 배아 복제 줄기 세포 연구는 복제 인간을 만들어 낼 수 있다는 종교계의 우려로 각 나라에서 법으로 금지하려는 움직임이 강했다. 그러나 이 연구가 난치병 환자나 장애인들에게 새로운 삶을 열어 줄 수 있다는 가능성이 제기되면서 국가적 차원에서 지원을 받으며 각 국가의 연구팀들이 활발히 경쟁을 벌이고 있다.

체세포 배아 복제 줄기 세포 연구는 동물의 피부나 내장 기관 등에서 체세포 핵을 추출하여 미리 핵을 제거한 미수정란에 이식하고, 핵치환이 된 난자의 난할을 유도하여 줄기 세포를 만드는 것이다. 여기서 배아 줄기 세포는 수정란이 어느 정도 성장한 세포 덩어리로 여러 종류의 세포로도 발달할 수 있다.

우리나라는 한때 이 분야에서 세계 최고의 실력을 갖춘 나라로 인정받았다. 그러나 세계 최초로 체세포 배아 복제 줄기 세포를 배양하는 데 성공했다는 논문을 발표했지만, 결국 거짓으로 밝혀지고 말았다. 이 사건으로 우리나라의 배아 줄기 세포 연구는 한동안 침체에 빠졌으나, 최근 다시 활발히 연구 논문을 발표함으로써 예전의 명성을 되찾아 가고 있다.

우리나라의
체세포 배아 복제
줄기 세포 연구는
세계적인 수준이래~.

You Know What?

벨스트빌 돼지

1980년대에 미국의 유전 공학자들은 농무부의 연구소가 있는 메릴랜드 주의 벨스트빌이라는 도시에서 돼지에게 사람의 성장 호르몬 유전자를 이식하는 실험을 했다.

당시 실험을 수행한 사람들은 이 실험이 성공할 경우 돼지의 성장 속도는 물론이고 몸의 크기도 더 커져 살코기가 많아지며 지방의 양은 오히려 감소할 것이라고 예상했다.

성공적으로 유전자 이식을 끝낸 유전 공학자들은 숨을 죽이고 이 돼지를 관찰하였다. 놀랍게도 이 돼지들은 대부분 그들의 기대에 부응했다. 이 돼지들은 보통 돼지에 비해 성장 속도는 18퍼센트, 체중은 15퍼센트나 증가했으며, 지방은 80퍼센트 감소했다. 이 사실은 뉴스를 타고 세상으로 전파되었고 실험은 대성공이었다.

그러나 예상치 못한 부작용이 나타났다. 몇몇 돼지는 절름발이 등 불구로 태어나고, 어떤 돼지는 내장에 질병이 생겨 일찍 죽었다. 이 사실을 알게 된 사람들은 유전 공학이 괴물을 양산할지 모른다는 공포감에 떨게 되었다. 이후 벨스트빌 돼지는 유전 공학의 어두운 측면을 상징하는 용어가 되고 말았다.

한편 2006년 12월에는 중국에서 형광 빛이 나는 돼지를 복제하는 데 성공했다는 발표가 있었다. 이처럼 동물의 유전자 조작은 여러 가지 문제를 안고 있음에도 불구하고 여전히 세계 각국에서 수없이 시도되고 있다.

먹는 것도
가려 먹어야겠구나!
환경을 생각하는
과학이 필요해.

웰빙과 친환경 03

관련 교과

고등학교 생물 I

4. 생명 과학과 인간의 생활 / 인간과 자연

질소 고정

공기 중에 떠다니는 질소를 영양소 등의 형태로 사용할 수 있도록 질소 화합물로 바꾸는 일. 자연 상태에서는 뿌리혹박테리아와 같은 생물에 의한 질소 고정이나, 번개와 같은 공중 방전 현상에 의한 질소 고정이 일어난다.

바른 먹을거리를 지키는 웰빙 문화

사람이 살아가는 데 가장 기본이 되는 세 가지 요소가 바로 '의 · 식 · 주' 이다. 그중에서도 '식' 은 우리 몸 안으로 직접 들어와 우리의 생존과 직결되기 때문에 그 중요성에 대해서는 두말할 나위가 없다.

그 동안 우리는 농산물의 생산량 증대만을 생각하여 화학 비료와 농약을 무분별하게 사용해 왔다. 이 때문에 식량의 생산량은 늘어났으나, 화학 약품을 너무 많이 사용하는 바람에 토양이 오염되고 해충을 잡아먹는 생물들까지 죽이는 역효과도 나타났다. 결국 각종 화학 물질은 지하수와 식수를 오염시키고 생태계를 파괴했으며, 급기야 농산물까지 유독성 농약으로 오염시켜 우리의 먹을거리를 위협했다.

다행히 21세기에 들어 잘 먹고 잘 사는 '웰빙' 시대의 막이 오르면서, 많은 사람들이 자신이 먹는 음식에 대해 관심을 갖게 되었다. 이 관심은 화학 농약에 대해 반감을 불러일으켰는데, 많은 농산물 생산자들이 이에 부응하여 다양한 친환경적 농법들을 시도하고 있다.

대표적인 친환경 농법으로는 질소 고정을 통해 천연 비료를 만드는 농법을 들 수 있다. 이것은 식물체 뿌리에 공생하는 리조비움(Rhizobium)이라는 뿌리혹박테리아를 이용하여 공기 중의 질소를 고정하는 방법이다.

이외에도 미생물을 이용하거나 곤충들이 분비하는 페로몬을 이용하는 등 다양한 농법들이 개발되고 있다. 이러한 친환경 농법은 농작물의 생산량을 늘릴 뿐만 아니라 환경까지 보전할 수 있는 일석이조의 효과가 있다.

화학 농약을 대신하는 미생물 농약

화학 농약은 해충만 잡는 게 아니라 그것을 먹는 인간에게도 피해를 준다. 이에 인간에게는 영향을 주지 않고 곤충만 퇴치할 수 있는 방법이 개발되고 있다. 그중 대표적인 것이 미생물 농약이다.

박테리아의 일종으로 일명 '나비 세균'이라고 알려진 바실루스 투링기엔시스는 포자를 만들 때 단백질 결정체를 각 세포에 하나씩 만들어 내는데, 이 단백질은 많은 종류의 곤충과 유충에게 치명적인 독소를 가지고 있다. 한편 이 단백질은 알칼리성에서만 활성화가 일어나고, 중성이나 산성에서는 작용하지 않는 특성이 있다.

그런데 곤충의 소화 기관은 알칼리성을 띠고 있다. 즉, 나비 세균이 곤충의 소화 기관에 침투하면, 독소를 만들어 내는 단백질이 활성화되고, 이 독소는 소화 기관의 세포막에 문제를 일으킨다. 소화 기관의 세포막에 이상이 생긴 곤충은 평소보다 많은 양의 수분을 흡수하고 결국 죽음에 이르게 된다.

반면에 인간과 같은 포유동물의 위는 산성을 띠고 있기 때문에, 독소를 만드는 단백질이 활성화되지 않고 무해한 화학 물질로 분해되어 버린다.

그러나 나비 세균이 언제나 효과가 있는 것은 아니다. 최근 인도에서 유전자 변형 기술을 이용해 바실루스 투링기엔시스를 스스로 만들어 내는 면화 종자를 개발했는데, 처음에는 벌레를 쫓는 역할을 톡톡히 했다. 그러나 시간이 지나면서 독소에 내성을 갖게 된 벌레들이 나타나 예전보다 더 강한 농약을 더 많이 사용하게 되면서 오히려 사태를 악화시키는 결과를 가져왔다.

포자

다른 생식 세포와의 접합 없이 새로운 개체로 발생할 수 있는 생식 세포를 포자라고 한다. 즉, 보통 생물들은 정자와 난자처럼 두 가지 생식 세포가 만나 새로운 개체를 만드는데, 포자는 혼자서 새로운 개체를 만들 수 있다. 세균, 곰팡이 등이 포자를 만든다.

토양 속의 미생물이 비료를 만든다

식물이 자라기 위해서는 영양분이 필요하다. 그중 질소는 공기 중에 78%나 들어 있지만 식물이 직접 이를 이용할 수가 없는 상황이다.

그러나 콩과 식물들은 뿌리에 공생하는 뿌리혹박테리아인 리조비움의 도움으로 천연적인 질소 비료를 손쉽게 얻을 수 있다. 리조비움은 공기 중에 있는 질소를 흡수하여, 이를 물에 녹을 수 있는 질소 화합물 형태로 바꾼다. 식물체는 이러한 형태의 질소를 흡수하고 영양분으로 이용하여 생장한다.

또, 리조비움이 암모니아를 토양에 방출시키면 다른 박테리아가 이를 질산염으로 바꾼다. 질산염은 식물의 뿌리에 흡수되어 천연 비료 역할을 하며 식물을 잘 자라게 한다. 한편, 식물은 질소를 공급받는 대신 박테리아에게 포도당과 수분 및 서식처를 제공하여 은혜를 갚는다.

먹을 것이 없다고 유언비어를 퍼뜨리자

사람은 언어를 이용하여 다른 사람과 의사소통을 한다. 그러나 곤충은 페로몬이라는 화학 물질을 이용하여 짝을 찾거나 먹이의 위치를 알려 주는 등의 의사소통을 한다.

딱정벌레들은 자신들이 살고 있는 곳의 집단의 크기를 조절하는 능력을 가지고 있다. 즉 집단의 크기가 일정한 수 이상으로 늘어나면 페로몬의 분비 농도를 높여 다른 딱정벌레들이 접근하지 못하도록 경고를 한다. 이는 먹이에 비해 수가 너무 많아져서, 모두가 굶어 죽게 되는 상황을 피하기 위한 본능적 방어 수단이다.

이러한 곤충들의 특성을 이용하여, 농약 대신 페로몬을 사용하면 화학 물질에 의한 오염을 피하면서 병충해를 막을 수 있다. 작물에 페로몬을 뿌리면 딱정벌레들은 개체 수가 많아진 줄 알고 다른 곳으로 가버린다. 한마디로 곤충에게 먹을 것이 없다고 거짓말을 하는 셈이다.

페로몬

같은 종의 동물들이 의사소통을 위해 몸 밖으로 분비하는 화학 물질. 개미는 꽁무니에서 페로몬을 분비함으로써 동료들에게 먹이가 있는 곳이나 위험을 알릴 수 있고, 대부분의 포유류도 신체 일부분에 페로몬 분비선을 갖고 있어서 자신의 영역을 표시하는 데 사용한다.

천적을 이용한 농업

요즘은 온실에서 많은 작물을 재배하여 겨울에도 다양한 야채를 먹을 수 있다. 그러나 온실에는 '온실가루이'와 같은 특이한 해충이 있다. 식물의 어린잎에 알을 낳는 온실가루이는 애벌레와 어른벌레가 식물체의 즙액을 빨아먹어, 잎과 새순의 성장을 방해하며 시들시들하게 만들고 심하면 말라 죽게 한다.

또한 온실가루이의 배설물이나 분비물에서는 검은색 곰팡이가 자라는데, 이 곰팡이는 식물의 잎에 검은색 얼룩을 덧칠한 것 같은 독특한 증상을 일으킨다. 이는 그을음병을 발생시켜 식물의 광합성을 방해하며, 여러 가지 바이러스를 옮겨 병에 걸리게 한다. 특히 화학 농약으로도 잘 없어지지 않아 농부들에게 크나큰 어려움을 준다.

그러나 온실가루이에게도 천적은 있는 법! 그 천적은 바로 '온실가루이좀벌'이다. 온실가루이좀벌은 온실가루이 성충의 산란관에 있는 어린 약충의 체액을 빨아먹거나, 약충에 산란하여 온실가루이를 죽게 만든다. 이처럼 자연에 존재하는 먹이 그물을 이용하면 우리가 원하는 해충을 없앨 수 있다.

You Know What?

꿈틀 꿈틀 지렁이가 농사꾼이래요

비 온 뒤 지렁이가 길에 나와 기어 다니는 걸 보면 징그럽기도 하고 괜히 안쓰럽기도 하다. 그런데 이런 지렁이가 농업에서는 아주 중요한 역할을 한다.

지렁이의 배설물을 분변토라고 하는데, 여기에는 식물의 생장에 필요한 영양분이 많이 포함되어 있다. 뿐만 아니라 지렁이가 배설할 때 땅속을 왔다 갔다 하면서 작은 통로를 만드는데, 이 통로는 토양에 공기가 잘 통하게 하고 물을 많이 흡수할 수 있게 한다. 이로써, 토양 동물이나 미생물의 활동 과정에서 생기는 영양분이 식물에 잘 흡수되도록 도와준다.

또한, 지렁이의 사체는 질산염과 여러 가지 영양분을 땅에 제공한다. 한마디로 지렁이야말로 아낌없이 식물에게 베풀어 주는 진정한 농사꾼인 셈이다. 그래서 고대 그리스 철학자인 아리스토텔레스는 '지렁이는 대지의 장(腸)'이라고 했다. 진화론으로 유명한 영국의 과학자 찰스 다윈은 《지렁이의 작용에 의한 옥토의 형성》이란 저서를 통해 '지렁이는 지구상에서 가장 가치 있는 생물' 이라고 주장했다. 이처럼 지렁이는 농약과 비료로 점점 죽어가는 흙에 생명을 주고 밑거름이 되는 중요한 역할을 하고 있다.

요즘 환경 오염이 심각해!
자연은 이미 답을 갖고 있지.

환경 공학 04

관련 교과

고등학교 생물 I

4. 생명 과학과 인간의 생활 / 환경 오염과 보존

인간의 욕망 아래 무너져 가는 환경

환경은 우리 주변을 둘러싸고 있는 모든 것을 말한다. 즉, 마시는 물, 숨 쉬는 공기, 작물을 재배하고 집을 짓고 사는 땅, 그리고 땅 위에 사는 모든 생물들이 환경을 이루는 요소이다. 이러한 환경 요인들은 지역은 떨어져 있어도 서로 연관되어 마치 살아 있는 하나의 생명체처럼 유기적인 관계를 맺고 있다.

이런 유기체적 지구가 곳곳에서 신음 소리를 내고 있다. 이 신음 소리는 다름 아닌 자연이 병들어 가고 있는 소리이다. 매일 수십 종의 동물과 식물들이 환경 오염에 의해 멸종되고 있으며, 우리가 살아가는 데 꼭 필요한 것들이 파괴되고 있다.

이러한 현상은 19세기 산업 혁명 이후, 인구가 급격히 증가하고 사회가 고도로 산업화되면서 시작됐다. 과학과 기술의 발달에 따라 예전에는 생각지도 못했던 여러 가지 새로운 물품들이 만들어졌다. 세탁기, 청소기 등 각종 가전제품들이 주부들의 일손을 덜어 주었고, 자동차의 대량 생산으로 많은 사람들이 어디든지 갈 수 있게 되었다. 여기에 컴퓨터와 인터넷의 발달은 전 세계를 하나의 울타리로 묶어 주었다.

인간의 욕망을 채우기 위해 끊임없이 지어지는 고층 빌딩들

그러나 우리가 이렇게 편리한 생활을 하는 동안 지구는 서서히 파괴되어 가고 있다. 각종 공산품의 원료를 얻기 위해 지구 곳곳을 파헤쳤고, 공장에서는 각종 독성 물질이 하수구와 굴뚝을 통해 쏟아져 나오면서 자연을 심각하게 훼손하기 시작했다.

이러한 환경 오염은 단

2007년 12월
기름이 유출된 태안반도

순히 산이 없어지고, 물이 더러워진다는 차원을 넘어 지구 전체의 기후 변화와 생태계 파괴를 가져온다는 점에서 매우 심각한 문제이다. 바닷물의 온도가 단 1℃ 올랐을 뿐인데 예전에 살던 물고기들이 순식간에 사라지고, 각종 산호와 해초가 없어진다. 만약 지금과 같은 속도로 숲을 파괴하고 각종 오염 물질을 뿜어 댄다면 인류는 수백 년 아니 수십 년 안에 멸망할 거라는 얘기도 나오고 있다.

이렇게 파괴된 자연을 회복하기 위해서는 우리가 생각하는 것 이상의 시간과 돈이 필요하다. 우리나라는 환경 오염이 얼마나 무서운 결과를 초래하게 되는지를 몸소 체험했다. 바로 태안반도 앞바다 기름 유출 사건이다. 채 2만 톤도 되지 않는 기름이 유출됐지만 그 피해는 태안반도뿐만 아니라 남해안 일부 지역까지 미쳤다.

이 사고로 서해안 지역의 어민들이 대부분 조업을 멈추었고, 기름을 뒤집어쓴 개펄과 모래사장은 당분간 어떤 생물도 살기 어려운 상황이 되었다. 앞으로도 상당한 기간 동안 이런 상황이 계속될 것이라고 하니 그 피해 규모는 상상하지 못할 정도라 하겠다.

중금속

물의 비중을 1이라 하면 중금속은 비중이 4~5 이상인 금속을 가리키며, 일반적으로 인체에 유해한 것이 많다. 특히 메틸수은과 같이 단백질과 결합력이 강해서 생물체에 축적되기 쉽다. 따라서 소량을 섭취해도 장기간 축적되면 무서운 질병을 일으킬 수 있다.

다행히 수많은 자원 봉사자들이 기름 제거에 나서 피해를 최소화하기는 했지만, 예전의 태안반도로 돌아가려면 앞으로도 더 많은 인력과 더 많은 시간이 필요하다. 태안반도 사태는 인간의 사소한 실수가 얼마나 무서운 재앙이 될 수 있는지를 생생하게 보여 주었다.

한편, 자연을 살리기 위해 노력하는 사람들도 많다. 그들은 오염된 환경을 되돌리기 위한 방법을 찾으려고 다방면으로 연구를 했는데, 신기한 것은 자연 스스로가 답을 가지고 있었다는 것이다.

중금속, 넌 내 안에 있다

농약은 비약적인 식량 증산을 가져와 인류에게 풍성한 먹을거리를 선물로 주었다. 하지만 농약에는 독이 들어 있어 여러모로 유해한 물질임이 분명하다. 농약 속에 들어 있는 유해 물질은 먹이 연쇄의 단계를 거쳐 다시 인간의 몸속으로 들어오게 된다. 또한 토양 속에 중금속 잔류물을 남겨 놓아 심각한 토양 오염까지 일으킨다.

거대한 은행나무

최근 우리나라에서는 유기농 재배에 대한 관심이 커지면서 과거에 비해 농약 사용량이 많이 줄었다. 하지만 아직도 우리나라는 농약을 많이 사용하는 나라로 알려져 있다.

한편 우리나라에는 약 900여 개의 폐광이 있는데, 사람들이 떠나면서 광석 찌꺼기를 그대로 방치하여 각종 유해 중금속들로 인한 토양 오염이 심각한 상태이다.

토양 오염을 처리하려면 시간이 오래 걸리고, 엄청난 비용이 든다. 석유와 같은 물질에 오염된 토양을 비교적 효과적으로 처리할 수 있는 '토양 증기 추출법' 도 상당한 비용이 들어갈 뿐만 아니라 오염 물질을 추출하는 과정에서 화학적인 처리 방법을 사용하므로 완전한 무공해 처리가 아니다.

그런데 이보다 돈도 적게 들면서 손쉽게 중금속을 제거하는 방법이 있다. 바로 은행나무를 이용하는 것이다.

식물 세포는 동물 세포와 달리 액포가 훨씬 발달해 있다. 이 액포는 식물 세포가 사용하고 남은 노폐물이나 독성 물질을 보관하는 주머니이다. 특히 은행나무는 액포가 발달되어 있는데, 이 액포가 다량의 중금속을 흡수하여 저장하는 기능을 가지고 있다. 따라서 은행나무를 이용하면 토양 속의 중금속을 제거할 수 있다.

은행나무 이용법은 화학적 물질 첨가 없이 오직 자연적인 방법으로 토양을 처리하는 것이라 훨씬 친환경적이라고 할 수 있다. 뿐만 아니라 은행나무를 이용하면 앞에서도 말했듯이 비용적인 면에서도 훨씬 유리하다.

토양 증기 추출법

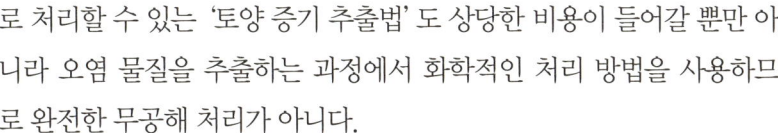

뜨거운 공기나 증기를 토양에 쐬어 토양의 빈틈으로 오염된 공기를 뽑아내고, 여기서 다시 오염 물질을 추출해 내는 기술. 특히 휘발성이 있는 물질에 오염된 토양을 처리할 때 효과적이다.

부영양화

강이나 바다, 호수에 사는 미생물들이 생활하수 등과 함께 흘러들어온 질산염, 암모니아, 인산염 등의 유기물을 분해함으로써 영양 물질이 많아지는 현상이다. 영양 물질이 풍부한 물에서는 식물성 플랑크톤의 성장과 번식이 매우 신속하게 진행되므로 며칠 안으로 맑은 물이 검붉은 색으로 변하는데, 이를 적조 현상이라고 한다.

폐수를 먹는 나무

축산 폐수와 생활하수 속에는 질소와 인 등 유기 양분이 많이 들어 있다. 이것이 그대로 강으로 흘러들어 가면 수질 오염의 일종인 부영양화 현상이 나타난다.

이러한 수질 오염을 막기 위해서는 하수나 폐수를 처리하여 강으로 내보내야 한다. 이렇게 하수나 폐수를 처리하는 곳을 '폐수 처리장'이라고 한다. 그런데 폐수 처리장을 만들기 위해서는 많은 비용이 든다.

이러한 폐수를 깨끗하게 만들어 주는 식물이 있다면 믿을 수 있겠는가? 그 주인공은 바로 가로수로 흔히 볼 수 있는 포플러다. 이 나무는 유기 양분이 들어 있는 폐수를 하루에 5L 이상 흡수하여, 양분은 생장에 사용하고 나머지 물은 증산 작용을 거쳐 대기 중으로 방출시킴으로써 오염된 물을 깨끗하게 만든다.

3년생 포플러 한 그루가 연간 축산 폐수 600L를 흡수하여 정화하며, 1헥타르의 포플러 숲은 연간 1,500톤의 축산 폐수를 외부로 유출시키지 않고 깨끗하게 정화할 수 있다.

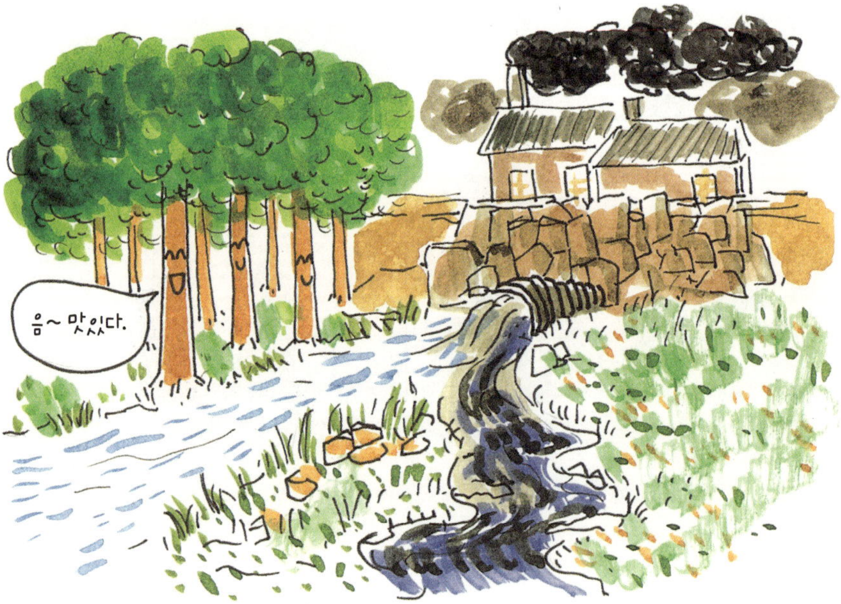

물속에 공기를 불어 넣는 식물

맑은 물속에는 우리의 눈에 보이지 않는 작은 미생물과 원생생물이 많이 살고 있다. 즉, 이런 생물들이 살고 있는 물이라야 맑고 깨끗한 '살아 있는 물' 이라고 할 수 있는 것이다.

이들은 물속에서 산소를 이용하여 살아가기 때문에, 물속에 산소가 얼마나 녹아 있느냐(용존 산소량이라고 함)에 따라 살 수 있는지 여부가 결정된다. 그래서 미생물과 원생생물은 물이 얼마나 깨끗한지를 알아보는 기준이 된다. 즉, 용존 산소량이 높으면 깨끗한 물이고, 용존 산소량이 낮으면 깨끗하지 않은 물이다.

더러운 폐수나 생활하수에 오염된 물은 세균들이 많아서 산소를 많이 소모하므로 용존 산소량이 매우 낮다. 그렇기 때문에 오염된 물에서는 미생물과 원생생물이 살지 못하고 서서히 죽어가게 된다.

이 오염된 물에 구세주와 같은 식물이 있으니 바로 갈대와 부레옥잠이다. 갈대와 부레옥잠 같은 수생 식물은 광합성을 하고 그 결과 생겨난 산소를 물속으로 방출한다. 즉, 이들은 줄기가 비어 있거나 빈 공간

부레옥잠

원생생물

보통 한 개의 핵을 가진 단세포 생물로서 가장 원시적인 생물. 편모충류나 편모 조류 등과 같이 원생동물이기도 하고 원시적인 식물이기도 해서 양자의 분화가 분명하지 않은 것도 있다. 화석으로 발견되는 것에는 방산충류와 유공충류 등이 있다.

용존 산소량(DO)

물에 녹아 있는 산소의 양을 나타내며, 음식 찌꺼기 등 생활하수에 의한 유기물이 많이 유입될수록 세균이 다량 번식하여 DO값은 작아진다. DO가 2ppm 이하인 물에서는 악취가 나며, 물고기가 살 수 있으려면 적어도 4ppm 이상이어야 한다. DO값이 클수록 깨끗한 물로, 맑은 물은 대개 7~14ppm 정도이고 1급 하천의 기준은 7.5ppm 이상이다.

이 많아 잎에서 만들어진 산소가 줄기를 타고 아래로 내려갈 수 있으므로, 이러한 수생 식물이 사는 물속에서는 산소 방울이 뽀글뽀글 나오게 된다.

용존 산소량이 턱없이 부족한 물속에 이렇게 산소를 불어 넣음으로써 다시 미생물과 원생생물이 살 수 있는 산소가 풍부한 깨끗한 물로 바꿔주는 것이다.

확장교양

아프다, 아파! 이타이이타이병

이타이이타이병은 1968년 일본 후생성이 발병의 원인이 공해라는 것을 인정하면서 세간에 알려졌다. 20세기 초에 일본의 토야마 현 주민들이 뼈마디가 아프다고 통증을 호소하면서 처음으로 알려졌고, 이후 여러 지역에서 꾸준히 발생했다. 이 병은 1950년대 후반에 절정을 이루었는데, 후지야마 현 주민들이 원인 모를 병으로 고통을 받거나 심지어 죽음에 이르기도 했다. 일본 정부는 그때서야 병의 원인을 찾기 위해 나섰다.

이타이이타이병은 공장 폐수가 농경지에 유입되면서 발생하였다. 특히 공장 폐수에는 카드뮴이라는 은백색 광택의 금속 원소가 많이 들어 있는데, 이것이 체내에 쌓일 경우 치명적인 병에 걸린다.

이 병의 주요 증상은 처음에는 허리와 엉덩이 및 등줄기에서 통증이 나타나고, 팔다리 근육통, 관절통 등도 나타난다. 이후 서서히 악화되어 뼈에 금이 가고 결국 모든 뼈가 부러지는 무서운 병이다.

'이타이'는 아프다는 뜻의 일본말이다. 환자들의 고통이 극심해 "아프다, 아프다"라고 한 것이 그대로 병의 이름이 된 것이다.

이 병에 효과가 있는 것은 비타민 D로 체내에서 칼슘과 인이 빠져나가는 것을 막고, 뼛속에 스며들게 한다. 비타민 D의 이런 효능으로 뼈가 단단해지는 것이다.

You Know What?

아이들이 이상해졌다!

요즘 아이들이 이상해졌다! 이게 도대체 무슨 소리냐고? 최근 주의력이 떨어지고 행동이 산만한 아이들이 점점 많아지고 있다. 이런 아이들의 행동을 신경성 질환의 증상으로 보고 의학계에서는 '주의력 결핍 과잉행동 증후군(ADHD)'이라고 부른다.

이 병의 증상은 가만히 있지 못하고 왔다갔다 하거나 심하면 괴성을 지르기도 한다. 그런데 왜 이런 병이 생기게 되었을까?

관련 학자들은 이런 증상을 보이는 아이들의 혈액을 분석한 결과, 혈액 속의 중금속(특히 납) 수치가 정상적인 아이들보다 높다는 것을 확인할 수 있었다. 즉, 이 병의 원인이 환경 오염이라는 사실을 암시해 주는 결과이다.

그렇다면 아이들은 왜 중금속에 오염될 수밖에 없었을까? 중금속은 주로 음식물을 통해 흡수되었을 것으로 추정된다. 물론 어른들도 아이들과 똑같이 음식물을 섭취하지만, 같은 양을 섭취했을 때 누가 더 큰 피해를 입을지는 말하지 않아도 알 것이다.

그렇다면 음식물 속의 중금속은 어디에서 온 것일까? 여기에서 우리는 어렵지 않게 '농약'이란 단어를 떠올릴 수 있다. 또한 각종 식품 첨가물도 문제가 될 것이다. 사람들이 일으킨 환경 오염의 피해를 돌려받게 되는 셈으로 인과응보라 할 수 있다.

이러한 사례는 이외에도 수없이 많다. 새로 만든 집에 남아 있는 각종 독성 물질 때문에 발생하는 새집 증후군, 다이옥신 등 각종 화학 물질에서 흘러나오는 환경 호르몬에 의해 발생하는 각종 질병 등 이루 헤아릴 수도 없다.

인간을 위해 만들어진 물질들이 오히려 우리 인간을 공격하는 일이 언제까지 반복될까?

자연은 첨단 과학보다
더 첨단화되어 있어!
그래, 곤충을
모방하는 거야!

생체 모방 공학 05

관련 내용

응용 생물

바이오닉스(생체 공학)

로봇

로봇은 '강제 노동'을 뜻하는 체코어 'robota'에서 유래했다. 원래는 사람을 본뜬 인형에 기계 장치를 함으로써, 사람과 유사한 동작을 할 수 있도록 만든 자동 인형을 로봇이라고 불렀다.

자연에는 배울 것이 많다

'모방은 창조의 어머니'라는 말이 있다. 인간은 자연 속에서 자연을 모방하며 살아왔다. 새의 날개를 모방한 비행기, 민들레 씨를 모방한 낙하산, 엉겅퀴의 갈고리를 흉내 낸 벨크로(찍찍이) 등 인간이 만들어 낸 물건의 대부분은 자연을 모방하여 탄생하였다.

즉, 자연 속에는 인간이 알아차리기 훨씬 오래전부터 각종 첨단 과학이 숨어 있었기 때문에 자연을 모방하여 과학이 더욱 발전할 수 있었던 셈이다.

자연을 모방하는 과학에서 두드러지는 분야는 로봇 공학이다. 그동안 '로봇' 하면 주로 인간을 모델로 만들어 왔으나, 인간이 가지고 있는 고도의 지능과 움직임을 표현하기에는 아직 로봇 공학 기술이 턱없이 부족한 상황이다. 그러나 인간이 아닌 곤충을 모방하여, 곤충의 단순한 움직임을 로봇에 적용시키는 '곤충 로봇 공학'은 비교적 쉽게 접근할 수 있는 분야이다. 곤충 로봇 공학의 등장은 공학자들에게 새로운 가능성을 열어 주었다.

바다게를 모방한 로봇

파리를 모방하여 자유자재로 움직이면서 주변을 감시하는 로봇이 있는가 하면, 애벌레의 움직임을 모방하여 건물 폭발 현장에서 사람을 구조하는 로봇도 있다. 또한, 지렁이와 자벌레의 움직임을 이용하여 미끌미끌한 내장을 누비며 몸속을 진단하는 내시경 로봇이 있다. 이 로봇들이 곤충 로봇 공학의 대표적 결과물이라 할 수 있다.

곤충은 자연에 가장 잘 적응하여 진화한 동물이다. 이들은 달리고, 기어오르고, 날아다니는 단순한 기능을 가지고 있지만, 그 기능을 수행하기 위한 아주 특별한 구조를 가지고 있다. 이를 모방하여 로봇으로 만든다면 특정한 일을 잘 하는 로봇을 만들어 낼 수 있을 것이다.

정찰 로봇 – 파리가 널 지켜보고 있다

무더운 여름철, 공부도 안 되고 짜증은 팍팍 나는데 파리 한 마리가 자꾸 귀찮게 한다. 아무리 손을 내저어도 자꾸 내 머리 주변에서 웽웽 소리를 내며 약을 올린다. 독한 맘을 먹고 파리채를 집어 들지만 그것도 쉽지 않다. 책상 위에 놓여 있던 우유 컵만 깨트리고 엄마에게 혼쭐이 나고 만다. 정말 얄미운 파리다.

이렇듯 파리는 사람들 가까이에 있으면서도 사람들에게 쉽사리 잡히지 않는다는 특성이 있다. 이를 군사용으로 이용하면, 적진을 정찰하거나 도청, 폭탄 장치 등 다양한 활동을 할 수 있을 것이다.

그런데 이러한 일이 실제로 일어났다. 파리는 1초에 날개를 250번 이상 움직이면서 자유자재로 비행하여 쏜살같이 날아갔다가 공중에 정지하기도 하며 아무 데나 쉽게 앉을 수도 있다. 미국에서는 이러한 파리의 특성을 연구해 2cm의 날개, 무게는 0.1g, 1초에 200번 날갯짓해서 3m를 나는 초소형 무인 비행체 MAV(Micro Air Vehicle)를 개발하였다. MAV는 원래 정찰 등 군사적 목적으로 개발되기 시작했으나, 요즘은 일반 사람들도 소형 모형 비행기 등의 레저용으로 활용하고 있다.

구조 현장에 나타난 로봇

지진이나 폭발로 건물이 무너지면 건물에 갇힌 생존자를 찾기 위하여 구조대원들은 위험을 무릅쓰고 구조 작업을 벌인다. 그러나 엉망이 되어 버린 폐허 더미 속에서 생존자를 찾아내는 일은 쉽지 않다.

그런데 이제 수고를 좀 덜게 되었다. '로봇 애벌레'를 이용하면 생존자들을 손쉽게 찾아낼 수 있기 때문이다. 폭발 사고가 일어났을 때 건물 내에 설치된 가스관이나 수도관, 하수도관 등 배관 시설은 폐허와 외부를 연결시켜 주는 훌륭한 연결 수단이 된다. 애벌레의 움직임을 모방한 '로봇 애벌레'는 이러한 배관 시설을 자유롭게 드나들 수 있도록 개발된 것이다.

로봇 애벌레 '모카신 2'는 폭 15cm의 배관이 90도로 꺾인 곳도 계속 전진할 수 있고, 초미니 전등과 비디오카메라를 갖추고 있어 주변 상황을 촬영하여 밖으로 전해 준다. 한편, 마이크로 생존자의 소리를 잡아내어 위치를 확인해 줄 수도 있다.

한편 사람이 접근하기 어려운 곳에서 생존자를 직접 구조하는 로봇도 등장했다. 로버그라는 로봇은 거미와 게를 모방했는데, 여덟 개의 다리가 있으며 100kg의 물건을 끌고 수직의 벽을 기어오를 수 있다.

창자 속에 들어간 로봇

사람의 대장은 얼음 절벽에 버금갈 정도로 미끄럽다. 대장을 펴놓은 뒤 알루미늄 판을 깔고 미끄럼을 탄다면 두 철판 사이에 기름칠을 한 것보다 두 배나 잘 미끄러진다. 이러한 문제 때문에 대장 속에서 돌아다닐 내시경 로봇을 개발한다는 것은 보통 어려운 일이 아니었다.

그런데 이 문제도 자연을 모방함으로써 해결되었다. 지렁이와 자벌레의 움직임을 본뜬 초소형 로봇이 등장한 것이다.

이 로봇은 몸 양쪽에 진공 빨판이 있어 한쪽 빨판을 대장 벽에 붙이고 몸을 앞으로 밀어내는 방식으로 움직인다. 몸을 접었다 폈다 하며 움직이는 게 지렁이의 모습과 비슷하다.

크기가 직경 25mm, 길이 57mm에 불과하기 때문에 이 로봇을 캡슐에 집어넣어 사람이 먹으면 대장 안에서 활동할 수 있게 된다. 이로써 의사가 내시경을 직접 손으로 밀어 넣지 않고도 내시경 스스로 의사의 명령에 따라 인체의 장기 내를 이동해 다니며 진단할 수 있는 '능동 주행형 대장 내시경' 시대가 온 것이다.

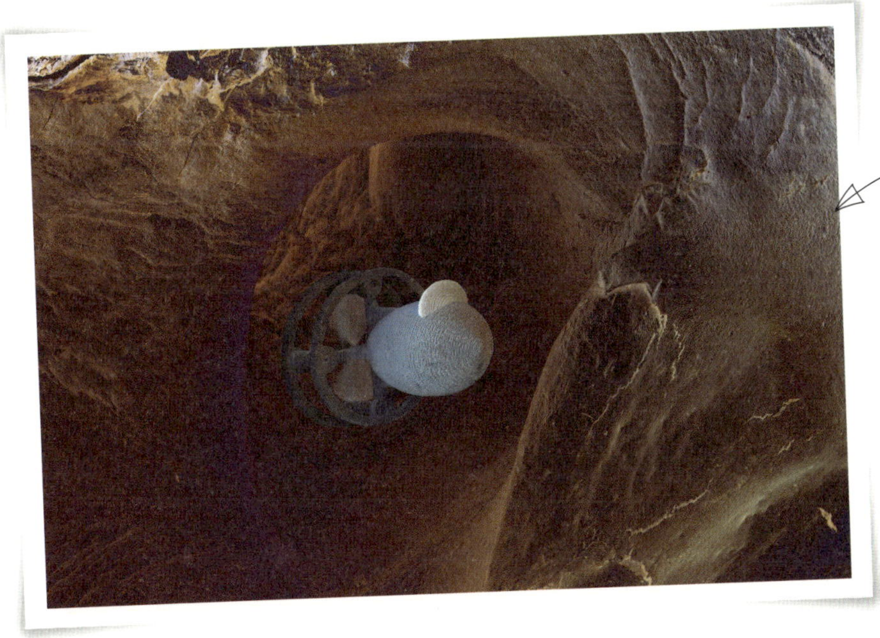

의학용 로봇 애벌레

바퀴벌레를 잡는 바퀴벌레

한참 맛있게 밥을 먹고 있는데, 식탁 아래로 기어가는 바퀴벌레를 본다면 갑자기 밥맛이 싹 달아날 것이다. 더구나 100여 가지나 되는 병균을 옮기는 바퀴벌레는 그야말로 최고의 박멸 대상임에 틀림없다. 그러나 이러한 바퀴벌레가 로봇 공학자들에겐 배우고 따라야 할 본보기라니 정말 신기한 일이다.

바퀴벌레는 어두운 곳을 좋아하며 집 안 구석구석을 돌아다닌다. 이러한 바퀴벌레는 지구 상에서 가장 빠른 곤충으로 초당 약 1.5m의 속도로 달리는데, 1초에 몸길이의 50배나 되는 거리를 이동하는 셈이다.

또한, 바퀴벌레는 여섯 개의 다리를 이용하여 울퉁불퉁한 곳에서도 안정적이면서 빠르게 움직일 수 있다. 뒷다리를 앞으로 강하게 밀어 추진력을 최대한으로 올리고, 앞다리와 가운뎃다리는 속도를 조절하여 각각의 다리가 제 역할을 함으로써 움직이는 것이다. 이러한 바퀴벌레의 움직임을 모방한다면, 어떤 곳에서든 빠르게 움직이는 로봇을 만들 수 있을 것이다.

이렇게 만든 바퀴벌레 로봇에 페로몬(곤충이 의사소통을 위해 분비하는 물질)을 주입하여 바퀴벌레 집단에 넣어 주면, 바퀴벌레들은 이 로봇이 자기들의 동료인 줄 알고 받아들인다고 한다. 정말 신기하지 않은가!

이제 바퀴벌레 로봇은 무리로 행동하는 바퀴벌레 사회에 일종의 패닉 현상을 유발함으로써, 진짜 바퀴벌레와 로봇 바퀴벌레를 구별하기 힘든 상황을 만들어 낸다.

이러한 현상을 이용하여 로봇 바퀴벌레가 동료 바퀴벌레를 우리가 원하는 장소로 끌고 나올 수만 있다면, 바퀴벌레 로봇을 이용하여 바퀴벌레를 잡는 셈이 되니 참 재미있는 일이 아닐 수 없다.

패닉

서로 연관을 갖고 있는 개인들의 집단이 자신에게 위협이 될 수 있다고 생각하는 대상이나 현상에 대해 집단적으로 나타내는 대응 양태를 말하며, 주로 도피적인 특성을 보인다. 여객선이 침몰하거나, 지진이나 전쟁과 같은 일로 인해 벌어지는 대혼란 상태를 패닉 현상이라고 설명하기도 한다.

바다 속을 누비는 해저 로봇

바다가재는 대부분 헤엄을 못 치는 대신 바다 속을 잘 걸어 다닌다. 바다가재는 이러한 능력을 가지고 있기 때문에 웬만한 파도 속에서도 땅 위에서처럼 달릴 수 있다. 이러한 바다가재의 특이한 능력도 훌륭한 모방의 대상이 될 수 있다.

미국 노스이스턴 대학에서는 바다가재를 그대로 모방하여 바다 밑을 탐색하는 해저용 로봇을 개발했다. 바다가재가 여러 개의 다리로 해류를 헤치며 울퉁불퉁한 바다 밑을 유유히 돌아다니는 특성을 그대로 로봇에 도입한 것이다.

이제 이 바다가재 로봇은 용감한 잠수부처럼 바다 속에 뛰어들어 바다 밑에 숨겨진 무수한 비밀을 찾아내 인간에게 유용한 정보를 알려 줄 것이다.

You Know What?

현실로 나타난 영화

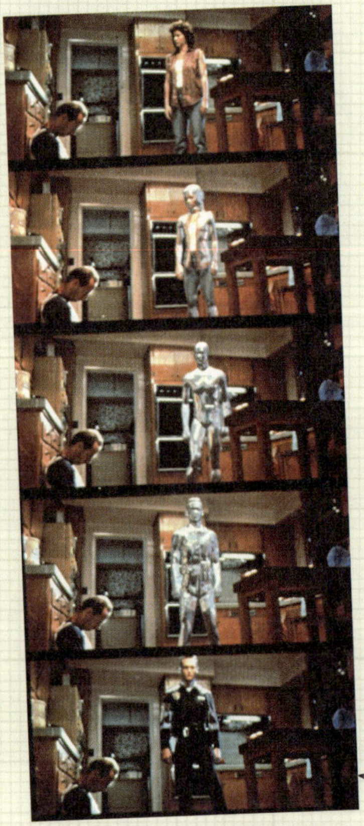

영화 《터미네이터 2》의 한 장면
어떤 모습이든 변신 가능한 T-1000.

20세기 초반 '인조 인간 - 로봇'이라는 개념이 알려지기 시작한 후, 로봇이라는 소재는 공상 과학 영화에서 끊임없이 관심의 대상이 되어 왔다. 수많은 감독과 시나리오 작가들이 모든 상상력을 동원하여 새로운 로봇들을 만들어 냈고, 지금도 만들어지고 있다.

그런데 놀라운 일들이 생겨났다. 한낱 인간의 상상일 뿐이라고 생각했던 영화의 내용들이 하나 둘씩 현실로 나타나고 있는 것이다. 대표적인 예로는 《터미네이터 2》를 꼽을 수 있다. 로봇이 세상을 지배하게 된 미래 세계에서 저항군의 지도자인 주인공을 없애기 위해 최신형 로봇을 과거 세계인 현재로 보낸다. 그런데 이 악당 로봇은 액체 금속으로 만들어져, 모습을 자유자재로 바꿀 수 있었다.

얼마 전까지만 해도 이러한 로봇은 영화에서나 가능한 것일 뿐 현실에서는 일어날 수 없는 일이라고 생각했다. 그런데 완벽하지는 않지만 이 장면이 현실로 다가왔다.

놀랍게도 미국 실리콘 밸리 제록스 연구센터의 마크 임 박사가 이런 로봇을 개발했다고 발표한 것이다. 비록 영화에서처럼 자유자재로 변하는 것은 아니지만, 걸어 다니는 일반 로봇에서 갑자기 액체 상태로 변했다가 거미 로봇으로 변신이 가능한 로봇이라고 한다. 정말 대단한 기술이 아닐 수 없다.

또, 1987년에 상영된 《이너 스페이스》라는 영화는 주인공 로봇들이 잠수정을 타고 인간의 몸속으로 들어가 레이저 광선으로 암세포를 파괴하고, 그 사람의 눈물을 타고 밖으로 나온다는 이야기였다. 당시만 하더라도 이 이야기가 현실화될 것이라고 어느 누가 상상했겠는가! 그러나 이 영화 내용 역시 이제 현실이 되었다. 실제로 현대 의학은 로봇이 잠수정 대신 캡슐을 타고 인체 내에 들어가 치료하는 시대를 열었다.

그 외에도 영화가 현실로 나타난 예는 무수히 많다. 이제 앞으로 공상 과학 영화를 볼 때에는 '저것은 언제 현실로 나타날까', 또는 '어떻게 하면 저런 것을 현실로 만들 수 있을까' 라는 생각을 하면서 보아야 할 것만 같다.

과학으로 범인을 밝혀낸다.
뛰어 봐야 벼룩이지.

과학 수사대 06

응용 생물

생명공학 / 생명 과학

관련 내용

범인은 어떻게 잡을까

얼마 전 우리나라에서는 과학 수사대(CSI)라는 미국 드라마가 유행했다. 이 드라마는 각종 범죄 사건을 최첨단 과학을 이용해 해결해 나감으로써 마치 공상 과학 영화를 보는 듯한 재미를 준다.

범인들은 대부분 죄를 숨기기 위해 별의별 노력을 다하지만, 과학 수사대는 생각하지도 못한 첨단 기술과 끈질긴 노력으로 증거를 찾아내고야 만다.

그렇다면 과학 수사대가 사건 현장에서 가장 먼저 하는 일은 무엇일까? 그것은 바로 범인이 남긴 지문을 찾는 작업이다. 심지어 일란성 쌍둥이도 서로 다른 지문을 가질 정도로 지문은 사람마다 다르다. 그렇기 때문에 지문을 발견한다면 범행 현장에 누가 있었는지 알 수 있고, 이는 사건 해결의 결정적인 증거가 된다.

또한, 사건 현장에 남아 있는 혈액, 혈흔, 치아, 정액, 타액, 씹던 껌, 피우던 담배꽁초, 손톱, 머리카락과 같은 흔적은 아주 적은 양으로도 범인이 누구인지 판단하는 데 매우 유용한 정보가 된다.

이와 같이 범인을 잡을 수 있느냐 없느냐는 범인이 누구인지 알아낼 수 있는 증거를 얼마나 잘 찾아내는가에 달려 있다.

우리나라 주민등록증에는 지문을 날인하여 각 개인을 구분하는 데 활용하고 있다.

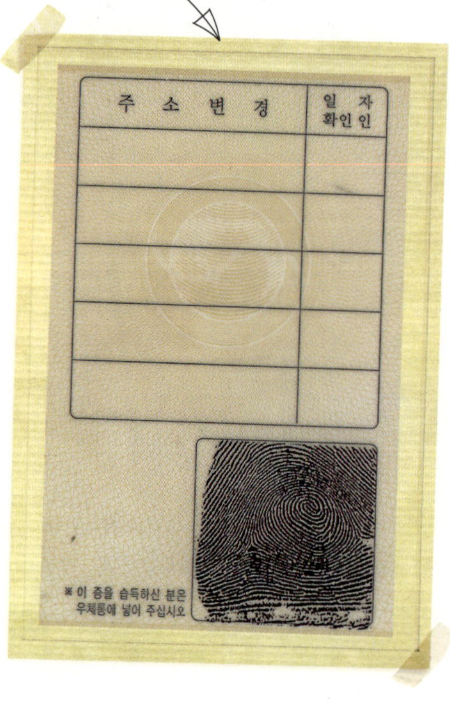

세상에 하나뿐인 지문

앞에서도 이야기했듯이, 과학 수사대가 범죄 현장에서 가장 먼저 하는 일은 범인이 남기고 간 지문을 채취하는 것이다. 누구나 자신의 손가락을 자세히 살펴보면 지문이 있다는 사실을 확인할 수 있는데, 지문이란 손가락 끝마디의 바닥 면에 있는 '융선(隆線)'이 만드는 무늬를 말한다. 이러한 지문은 손바닥과 발가락, 그리고 발바닥에도 있다.

그런데 지문은 신기하게도 지구 상에 존재하는 모든 사람이 서로 다르기 때문에, 범인을 가려내는 데 중요한 역할을 한다.

그렇다면 지문은 유전되지 않는 것일까? 그렇지는 않다. 지문은 부모에게서 유전되지만, 다인자 유전 방식(하나의 형질에 여러 개의 유전자가 관여하는 유전 방식)으로 유전되기 때문에 서로 다른 모양을 가지게 된다.

지문은 태아 발육 10주 즈음에 손가락이 형성되면서 만들어지는데, 손가락의 특정 부분에 위치한 땀샘이 위로 솟아오르면서 주변에 위치한 땀샘들과 부드러운 선을 이루며 연결되어 만들어진다.

융선

땀샘의 출구인 땀구멍 부분이 주위보다 솟아올라 주변의 것과 연결되어 밭고랑처럼 모양을 이룬 것.

지문을 채취하는 과학 수사대원

이렇게 한번 만들어진 지문은 평생 동안 변하지 않는데, 이는 땀샘의 위치가 절대 바뀌지 않기 때문이다. 다만 성장함에 따라 손가락의 크기도 커지므로, 융선 사이의 거리는 점점 멀어지게 된다.

▶ 지문의 종류

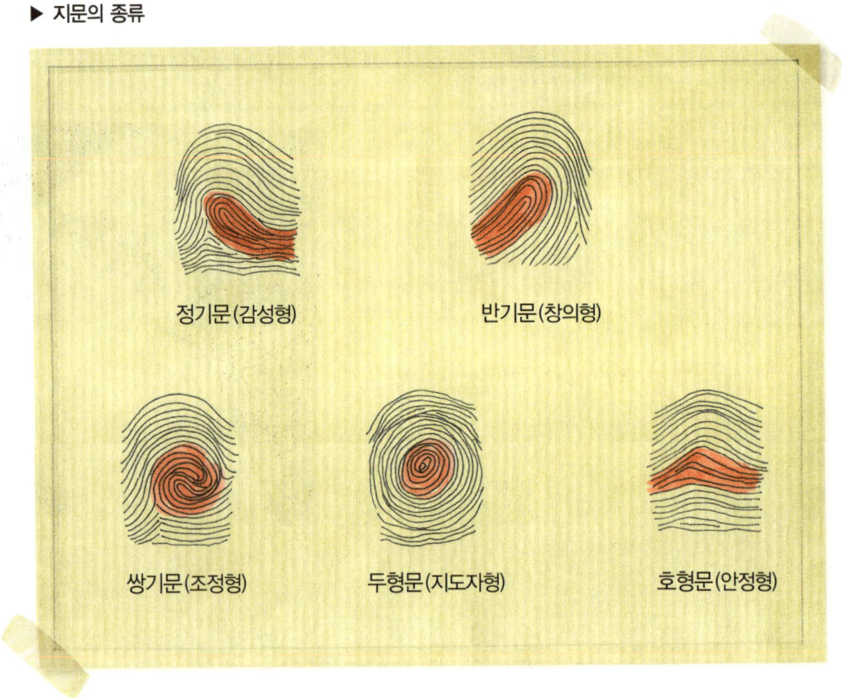

지문은 어떻게 채취할까

그렇다면 범인이 남긴 지문은 어떻게 채취할까?

지문은 손가락에 묻어 있던 땀이 종이나 유리 같은 표면에 닿는 순간 남기는 것으로 맨눈으로는 찾기가 쉽지 않다. 이때 유리 같은 매끄러운 표면에 고운 가루를 가볍게 뿌리면, 땀에 섞여 나온 기름 성분에 고운 가루가 붙으면서 지문이 선명하게 나타난다. 이렇게 지문을 채취하는 방법을 '분말법'이라고 한다.

그러나 종이와 같이 거친 표면에 남겨진 지문이나 오래되어 기름 성분이 말라 버린 경우에는 '요오드'를 이용하는 '기체법'을 사용하면 지문을 찾아낼 수 있다. 즉, 요오드 결정을 따뜻하게 해 주면 갈색의 요오드 기체가 생기는데 이것이 땀에 섞여 나온 지방질 성분과 반응하여 지문이 선명하게 나타나게 된다.

유전자 분석 기법

인간은 생명의 기본 단위인 세포 수십 조 개로 이루어져 있다. 대부분의 세포는 핵을 가지고 있는데, 핵은 DNA라는 물질로 이루어져 있어 이를 분석하면 범인에 대한 정보를 얻을 수 있다.

개인의 유전 정보는 부모에게 반반씩 물려받은 것으로 모든 사람은 자신만의 고유한 유전 정보를 갖는다. 즉, 지문처럼 이 세상의 모든 사람이 각각 다른 유전 정보를 갖고 있는 것이다. 따라서 DNA 분석이야말로 개인을 식별하는 데 이용할 수 있는 가장 막강한 도구인 셈이다.

뉴런

신경을 이루는 기본 단위로 몸의 안과 밖에서 일어나는 자극이나 흥분을 뇌로 전달한다.

그러므로 과학 수사대는 범죄 현장에서 지문을 채취하는 것 외에도 범인의 침이나 머리카락, 심지어 비듬과 같은 것에 묻어서 떨어진 피부 조각 등 아주 사소한 것까지 세심하게 조사한다.

만약 범인이 무심코 컵에 물을 따라 마셨다면 컵에 남은 침이나 입술 자국 등에서 범인의 DNA를 찾아낼 수도 있다. 또한 자기도 모르게 흘린 머리카락 한 가닥이라도 발견되면 결정적 증거를 확보할 수 있다.

마음까지 읽어 낸다

사람의 뇌는 뉴런이라는 신경 세포가 무수히 많이 모여 있는 곳이다. 이러한 신경 세포는 전기적 신호를 이용하여 자극을 주고받는다. 이때 뇌에서 발생하는 전기적 신호를 미세 전극과 연결하여 측정해 보면 전기적 파장이 나타나는데, 이것을 '뇌파'라고 한다.

뇌파는 그 사람이 자고 있을 때, 무언가에 집중하고 있을 때, 또 복잡한 수식을 계산하고 있을 때, 각각 서로 다른 주파수를 나타낸다. 따라서 뇌파의 주파수를 이용하면, 그 사람의 상태를 판단할 수 있다.

주파수를 분석하는 방법 중 '유발 전위' 라는 것이 있는데, 이는 특정

▶ 뇌 지문 탐지

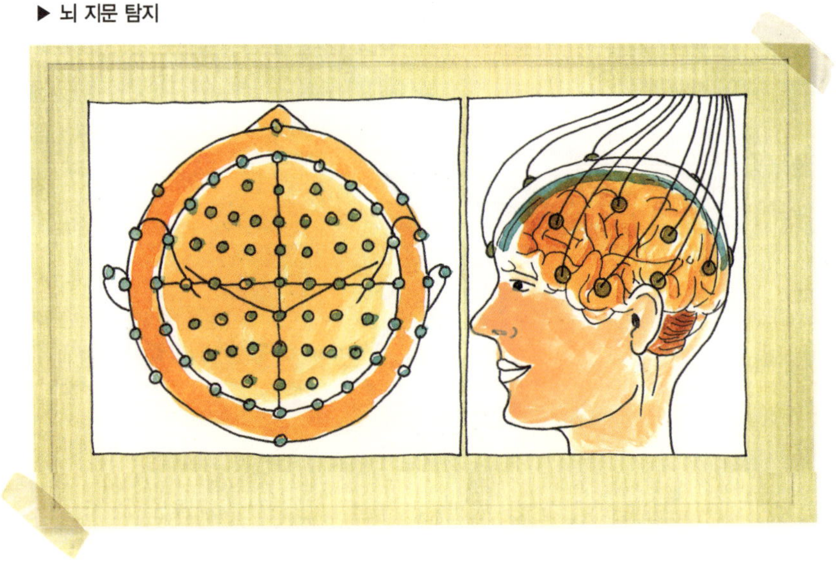

한 정보를 가지고 있는 자극을 반복적으로 가한 후, 이 자극을 처리하는 과정에서 나타나는 뇌파의 파형을 확인하는 것이다.

이 유발 전위를 이용하면, 뇌에 기억되어 있는 범죄 장면 사진이나 단어 등을 보여 줄 때 나타나는 뇌파의 파형을 분석하여 범인의 거짓말 여부를 알아낼 수 있다. 이처럼 유발 전위로 거짓말을 탐지하는 기기를 '뇌 지문 탐지기'라고 한다.

뇌 지문 탐지기는 범죄와 관련이 있는 내용을 보여 주면 특정한 뇌파(P300)가 발생한다는 점에 착안해 개발했다. 이것은 피의자의 머리에 10여 개의 미세 전극이 내장된 덮개를 씌우고 뇌파 반응과 변화를 분석하여 거짓말 여부 등을 판별하는 새로운 범죄 수사 기기이다.

과학자 노트

한스 베르거

(Hans Berger, 1873~1941)

독일의 의학자로 사람의 뇌파를 최초로 기록하여 증명했다. 베르거는 머리에 외상을 입은 환자의 두개골에 두 개의 백금 전극을 삽입하여 뇌파를 기록하는 데 성공했다. 그는 이렇게 기록된 뇌파를 '뇌전도'라 이름 붙였다. 나중에 그는 머리의 피부에 전극을 얹기만 해도 뇌파가 기록된다는 사실을 알아냈다.

You Know What?

법의학을 발전시킨 시체 농장!

여러분은 '시체 농장'이라는 말을 들으면 무슨 생각이 드는가? 아마 동물의 시체를 모아 둔 곳 정도로 생각할 것이다. 그런데 놀라지 마라! 이곳은 동물의 시체가 아닌 사람의 시체를 모아 둔 곳이다.

아니, 어떻게 사람 시체를 모아 둔 농장이 있을 수 있단 말인가!

미국 테네시 주 녹스빌에 있는 테네시 대학에는 실제 사람의 시체를 여기저기 묻어 두거나 방치해 시체가 저절로 썩도록 하는 곳이 있다. 오죽하면 이곳에서 일하던 인부들이 '시체 농장'이라는 별명을 붙여 주었을까.

사실 이곳은 '인류학 연구 센터' 라는 멀쩡한 이름이 있고, 꼭 필요한 연구를 하는 세계에서 유일한 곳이다. 이곳에서는 시체의 부패가 어떤 요인들에 의해 일어나는지를 연구한다.

테네시 대학의 인류학 연구 센터는 1980년 유명한 법의학자 빌 베스가 세웠다. 그는 시체가 똑같은 시간에 똑같은 방식으로 부패하지 않는다는 것을 깨닫고, 시체의 부패가 어떻게 일어나는지를 밝히기 위해 이 연구 센터를 세웠다.

특히, 살인 사건을 해결하려면 시체가 부패하는 여러 단계에 대한 연구가 반드시 필요하다. 이러한 연구는 피해자의 사망 시간과 장소 등을 파악하는 데 기준이 되며, 피해자가 살해당한 시간과 당시의 주변 환경 등은 범인을 알아내는 데 결정적인 증거를 제시해 주기 때문이다.

그러나 이러한 연구는 인간의 시체를 직접 이용하지 않고서는 정확한 자료를 얻어 낼 수 없다. 하지만 사람의 시체를 연구한다는 것은 사회적 관습과 도덕적 가치관 등 많은 제약이 따르기 때문에 실제적인 관찰이 쉽지 않다. 그것도 사람의 시신을 썩히는 연구라니, 시체 농장이라는 으스스한 별명이 붙은 정도로 끝난 게 다행이라 할 것이다.

이러한 사회적 편견에도 불구하고 이 연구소에는 죽은 뒤에 자기 몸을 의학 연구에 써 달라며 기증한 사람의 시체가 매년 수십 구씩 들어오고 있으며, 지난 20여 년 동안 수백 구의 시체들이 부패 실험에 쓰였다고 한다.

이곳의 연구자들은 이 귀중한 시체를 땅에 묻거나 덤불이나 구덩이, 또는 콘크리트 바닥 같은 각기 다른 상황에 묻어 두고 자연적으로 부패가 일어나도록 했다. 그리고 그 변화를 관찰하여 당시까지 알려지지 않았던 중요한 여러 가지 사실들을 밝혀냈다. 특히, 시체의 상황과 시간의 흐름에 따라 각기 다른 종류의 곤충들이 시체를 공격한다는 사실을 알게 된 것은 커다란 성과 중 하나이다.

거품이 뽀글뽀글, 이게 뭐지?
지금 발효가 일어나는 중이야.

발효 식품 07

관련 교과

고등학교 생물 I

9. 생명과학과 인간의 생활 / 생물학과 인간

황화수소

황화수소(H_2S)는 무색의 매우 유독한 기체이며 썩은 달걀에서 나는 독특한 냄새가 난다. 흔히 화산 가스나 온천에 존재한다. 많은 양의 황화수소를 얻으려면 석유에서 황을 제거하는 방법을 쓴다. 화학 실험에서 분석 시약으로 널리 사용된다.

발효 vs 부패

냉장고에 넣어 두는 것을 깜빡 잊고 밖에 두었던 우유가 심한 악취를 내며 상해 있는 것을 가끔 발견할 수 있다. 그런데 신기한 것은 우유를 어떤 효소들과 함께 두어 특정한 작용이 일어나면 맛있는 요구르트로 변한다는 사실이다. 둘 다 균의 증식 때문에 일어난 일인데, 어쩌면 이렇게 다를 수 있을까!

우유가 상하는 것을 부패라 하고, 요구르트로 변하는 것을 발효라고 한다. 발효와 부패는 둘 다 균의 증식으로 일어나기 때문에 비슷해 보이지만, 정확히 구분할 필요가 있다.

우선, 식품을 발효시키는 목적은 맛과 향, 그리고 식품의 저장성을 높이기 위한 것이다. 따라서 이러한 발효의 결과 생성되는 물질은 요구르트, 김치, 치즈, 술과 같이 사람이 먹을 수 있는 음식이 된다.

그러나 부패균에 의해 음식물이 부패되면 아민과 황화수소라는 물질이 생기므로 악취가 난다. 부패된 음식을 먹으면 식중독을 일으키거나 심하면 죽음에 이르게 되므로 조심해야 한다.

부패와 발효의 가장 큰 차이는, 부패균은 유기 화합물이 자연 상태에 놓여 있을 때 거의 예외 없이 나타나지만, 발효균은 일반적으로 특정한 조건과 환경을 갖추었을 때에만 나타난다는 사실이다. 예를 들어 요리하려고 사온 배추를 오랫동안 그냥 방치해 두면 부패하여 썩지만, 그 배추를 소금에 절여 용기에 담아 적당한 온도를 맞춰 보관하면 어디선가 생겨난 발효균에 의해 맛있는 김치가 된다.

우리의 자랑, 김치

채소를 장기간 저장하기 위해서는 채소에 많이 들어 있는 수분을 적당히 조절해야 한다. 채소의 수분을 조절하는 방법은 말려서 건조시키거나 소금에 절이는 것이다.

그런데, 건조시킨 채소는 원래 맛이 나지 않고 영양소가 손실된다는 단점이 있다. 반면 소금에 절이는 방법은, 채소 자체의 수분과 소금물의 농도 차이로 인한 삼투압 작용을 이용하기 때문에 적당한 수분을 유지하기도 쉽고 영양소의 손실 또한 적다.

우리 밥상에 한 끼도 거르지 않고 올라오는 김치는 바로 절임을 가장 잘 활용한 우리 민족 고유의 식품이다. 우리 조상들은 채소를 오랫동안 보관하고 또한 맛도 좋게 하는 방법으로 김치를 담가 먹었던 것이다.

발효를 이용한 식품, 김치

적당한 농도의 소금물에 배추나 무를 절였다가 갖은 양념을 넣어 김치를 담그면, 시간이 흐르면서 여러 가지 미생물이 재료 속에 든 당분을 분해한다. 이 과정에서 이산화탄소가 발생하여 배추 포기 속의 공기를 밀어내는데,

식이섬유

채소나 과일, 해조류 등에 많이 들어 있는 섬유질 성분을 말하며, 섭취했을 때 소화가 되지 않고 몸 밖으로 배출된다. 식이섬유는 대장암이나 심장병, 당뇨병 등 성인병 예방에 효과가 있는 것으로 알려져 있다.

이때부터 공기(산소)를 싫어하는 유익한 유산균이 번식하기 시작하며, 드디어 발효가 일어나면서 김치가 익는다. 유산균은 김치를 숙성시키고 부패균을 막아 주며, 유산균의 작용으로 생긴 유산은 김치 특유의 상쾌하고 새콤한 맛과 향을 낸다.

또한 유산균은 위염의 원인균인 헬리코박터 균과 식중독의 원인균인 리스테리아 등 우리 몸에 해로운 세균을 억제하고 제거하는 기능을 갖고 있으며, 위장의 단백질 분해 효소인 펩신의 분비를 촉진하여 소화에 도움을 준다. 또한 식이섬유가 많이 들어 있어 변비 예방에도 좋다.

몽글몽글 요구르트

한편 유산균은 김치에만 있는 게 아니라 발칸 반도 및 중동에서 전해졌다는 요구르트에도 있다.

특히 발칸 반도의 남동부에 위치한 불가리아 사람들은 오래 사는 것으로 유명한데, 이것은 발효 식품인 요구르트를 많이 먹기 때문이라고 한다.

우유를 유산균으로 발효시킨 요구르트

요구르트는 우유를 유산균으로 발효시켜 만든 것으로 산이 많이 들어 있어 새콤하고 상쾌한 맛이 난다. 또한 영양소가 풍부하고 장을 깨끗이 하는 작용과 항암 효과까지 있다. 그렇기 때문에 장수에 결정적인 역할을 하는 것으로 본다.

우유가 요구르트가 되기 위해서는 반드시 유산 발효 과정을 거쳐야 하는데, 유산 발효란 유산균(젖산균)이 당을 분해해서 유산을 만드는 것이다. 이렇게 발효 과정에서 생긴 유산은 신맛을 내고 pH를 낮춰 우유를 응고시키기 때문에, 우유가 요구르트로 변하면 덩어리가 생긴다.

요구르트를 먹으면 몸속으로 들어간 유산균이 장에서 각종 비타민 B 군의 영양소를 만들고, 칼슘을 녹여 인체에 쉽게 흡수되도록 한다. 특히, 지방이 거의 없는 우유로 만든 요구르트는 동물성 지방이 없으므로 다이어트에도 효과적이고, 장내에 가스도 만들지 않는다는 사실이 밝혀졌다.

pH

수소 이온 지수라 하며 용액에 녹아 있는 수소 이온의 농도를 지수로 나타낸 것이다. 용액의 산성도를 나타낼 때 주로 사용되며 수치가 작을수록 강한 산성을 띤다. pH 값이 7이면 중성이고 7보다 크면 염기성 작으면 산성으로 구분한다.

유산

유산은 흔히 젖산이라고 불리는 유기 화합물이다. 주로 신맛이 나는데, 과일 엑기스나 술을 만들 때에 부패균의 번식을 막기 위해 사용한다. 요구르트 같은 발효유에 들어 있다.

다시 보자! 청국장

청국장을 처음 대하는 사람은 독특한 냄새 때문에 거부감을 느끼는 경우가 많다. 그러나 청국장의 진가를 알고 나면 이 냄새가 건강을 지켜 주는 구수하고 맛있는 냄새로 느껴질 것이다.

청국장은 비만, 당뇨와 같은 성인병에 좋은 물질들이 다량으로 함유되어 있고, 노화 방지와 암 예방에도 효능이 있는 것으로 알려지면서 최고의 건강식품으로 주목받고 있다. 최근에는 여성들의 다이어트 보조 식품으로도 인기를 끌고 있다.

한편, 청국장을 숟가락으로 떠내면 끈적끈적한 액체가 거미줄처럼 따라 올라오는 것을 볼 수 있는데, 청국장의 상징이라고도 할 수 있는 이 실은 글루탐산과 과당이 만들어 낸다. 글루탐산은 칼슘 흡수를 촉진하여 골다공증 예방에도 효과가 있는 것으로 알려졌다.

이러한 청국장을 담그려면 먼저 메주콩을 삶은 다음, 시루에 볏짚을 깔고 그 위에 삶은 메주콩을 놓는다. 이것을 온돌방에 놓고 이불을 씌워 40~50℃에서 2~3일 놓아 두면 청국장이 만들어진다.

각종 성인병 및 암 예방, 노화 방지 등에 효과가 있는 것으로 알려진 우리 고유의 식품, 청국장

이때 청국장 맛의 비결은 볏짚에 있다. 볏짚에는 모든 유기물의 세포를 부술 정도로 분해력이 매우 강한 '납두균'이 살고 있다. 이 납두균이 메주콩의 단백질을 분해하여 글루탐산과 같은 여러 아미노산을 만들어 내는데, 이것이 바로 청국장 발효의 원리이다.

신이 내려 준 최고의 선물, 와인

일찍이 위대한 철학자 플라톤은 이것을 신이 인간에게 준 최고의 선물이라고 극찬하였다. 그가 말한 최고의 선물은 다름 아닌 '와인'이다. 와인은 다른 술과는 달

리 제조 과정에서 물이 전혀 첨가되지 않기 때문에 알코올 함량이 적다. 또 포도의 영양 성분이 파괴되지 않기 때문에 그야말로 살아 있는 술이라고 할 수 있다.

와인처럼 여러 가지 과일을 사용해서 만드는 과실주는 알코올 발효라는 현상을 이용한다. 알코올 발효는 포도 껍질이나 발효조(발효시키는 장소) 내에 자연적으로 존재하는 효모에 의해 일어난다. 효모는 포도 같은 재료에 들어 있는 당분을 먹고 분비물을 내놓는데 이 분비물이 바로 알코올이며, 이외에 부산물로 나오는 것이 탄산가스이다. 따라서 술의 원료가 되려면 반드시 당분을 함유하고 있어야만 한다.

한편 알코올 발효에서는 알코올과 탄산가스가 생기며 동시에 열(에너지)도 발생한다. 따라서 술이 익어가는 발효조는 시간이 지남에 따라 점차 온도가 올라가게 된다. 그런데 효모는 온도가 30~35℃가 되면 죽어 버리기 때문에 내버려 두면 술이 완성되기도 전에 발효가 중단될 위험이 있다. 따라서 알코올 발효를 할 때는 온도 조절이 매우 중요하다.

효모

밀가루 반죽을 숙성시키거나 맥주 등 술을 발효시키는 데 사용되는 미생물. 그리스 어로 '끓는다'는 말에서 유래했으며, 대부분 과일의 표면처럼 당분이 많은 곳에서 산다.

신의 선물이라 불리는 와인

와인은 종류에 따라 잔의 모양과 크기, 마시는 법이 다양하다. 따라서 와인을 관리하고 손님에게 추천해 주는 전문 직업까지 생겼는데 이들을 '소믈리에'라고 한다.

다음 그림은 와인이 우리의 건강에 어떤 영향을 주는지를 나타낸 것이다. 두말할 나위 없이 우리 몸에 좋은 술이라는 것을 알 수 있다. 그러나 와인은 일단 음식이 아니라 술이기 때문에 너무 많이 마시면 해가 되므로 조심해야 한다.

▶ 와인의 효능

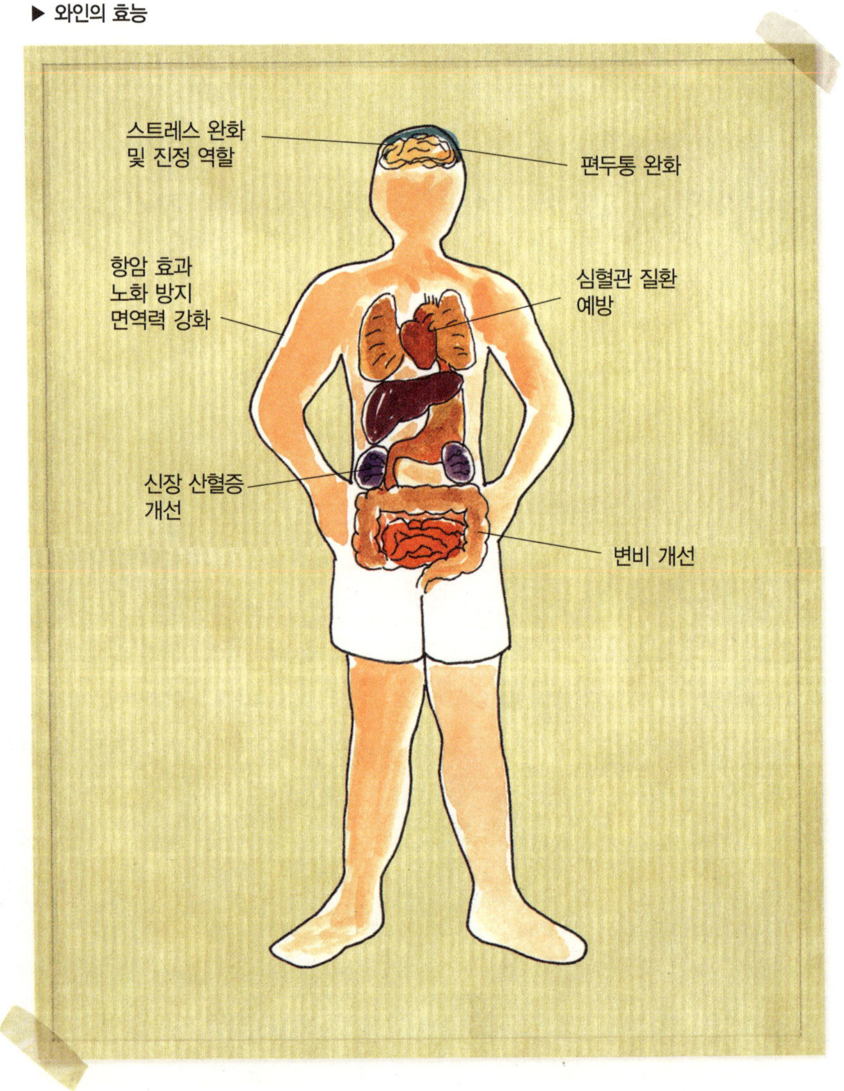

확장 교양

못생긴 곰팡이, 알고 보니 멋진 친구!

곰팡이 하면 대체로 오래된 식빵에 거무튀튀하게 핀 몹쓸 곰팡이를 떠올릴 것이다. 결국 곰팡이는 음식이 부패해서 먹을 수 없을 때 나타나는 것이라고 생각하기 쉽다. 그래서 사람들은 음식에 곰팡이가 슬지 않도록 습기가 적고 온도가 낮은 곳에 보관한다. 곰팡이는 습기가 많고 온도가 높은 곳에서 잘 번식하기 때문이다.

그런데 곰팡이들 중에는 의외로 우리의 건강을 지켜 주는 유익한 것들도 많이 있다.

우리 조상들은 예부터 여러 가지 발효 식품을 개발하여 후손에게 물려주었다. 그중에는 암 예방에 탁월한 효과가 있다고 알려진 된장이 있다. 그런데, 된장을 만드는 과정을 잘 살펴보면, 곰팡이가 매우 중요한 일을 한다는 것을 알 수 있다.

된장을 만들기 위해서는 먼저 메주를 만들어야 한다. 메주는 삶은 콩을 찧어서 벽돌 모양의 덩어리로 만든 것인데, 이 덩어리를 새끼줄로 묶어 60~70여 일 가량 높은 곳에 매달아 말린다. 그 후 메주 띄우기에 들어가는데 이때 습도를 올리고 온도를 높여 주면 메주에 누룩곰팡이가 핀다. 이 누룩곰팡이는 단백질, 당, 지방을 분해하는 효소를 많이 생산해 된장의 맛을 결정하는 역할을 한다.

한편 된장에서는 암 예방에 효과적인 ‘항체 생성 증강 물질’이 발견되었는데, 이는 재료로 쓰인 콩에는 없는 물질이다. 즉, 누룩곰팡이의 작용이 항암 물질을 만들어 냈다고 할 수 있다.

You Know What?

노벨상을 세 번이나 받은 식초

최초의 식초는 어떻게 발견되었을까? 어느 날 술통에 보관하고 있던 술이 상한 것 같아 맛을 보았더니 신맛이 나는 것이 아닌가! 식초는 이처럼 우연히 술이 변하여 만들어진 것으로, 초산균이 술 성분의 에틸알코올을 산화시킴으로써 만들어진다. 한마디로 술이 시어져 식초가 되는 셈이다.

이러한 유래는 식초의 영어 표기인 'vinegar' 에서도 흔적을 찾을 수 있다. 이 단어는 프랑스 어로 포도주를 의미하는 'vin' 과 신맛을 의미하는 'aigre' 를 합성하여 만들어진 것이다.

한편, 지금까지 알려진 식초에 대한 기록 중에서 가장 오래된 것은 이스라엘의 지도자인 모세가 아라비아 어인 '시에히게누스' 라고 부른 것이다. 이에 따르면 인간은 지금으로부터 무려 3,500여 년 전부터 식초를 사용해 왔다고 할 수 있다.

식초는 소화를 촉진하고, 두 시간 안에 피로가 가시게 하며, 스트레스를 없애는 호르몬을 만들어 낸다. 또한, 산성인 식초는 우리 몸속에 들어가는 순간 알칼리성으로 바뀌기 때문에 산성 체질을 알칼리성으로 바꿔 주는 역할을 한다. 이러한 식초의 주성분은 초산인데, 이것은 근육에 쌓이는 피로 물질인 젖산을 분해해 피로 회복을 돕고 살균과 해독 작용도 한다.

와! 이게 다 사실이란 말인가. 단순한 조미료인 줄로만 알았던 식초가 이처럼 대단한 식품이었을 줄이야! 그런데 더 대단한 사실이 있다. 식초는 위와 같은 엄청난 기능으로 인해 노벨상을 자그마치 세 번이나 받았다.

1945년에는 핀란드의 아르투리 비르타넨 박사가 식초의 소화 촉진 작용을 발견하였고, 1953년에는 영국의 H.A. 크레브스 박사와 미국의 프리츠 A. 리프먼 박사가 공동으로 젖산 분해를 통한 식초의 피로 회복 작용을 발견하였다. 또한 1964년에는 미국의 콘래드 블로크 박사와 독일의 페오드르 리넨 박사가 공동으로 식초의 스트레스 해소 효과를 발견하여 각각 노벨상을 받았다.

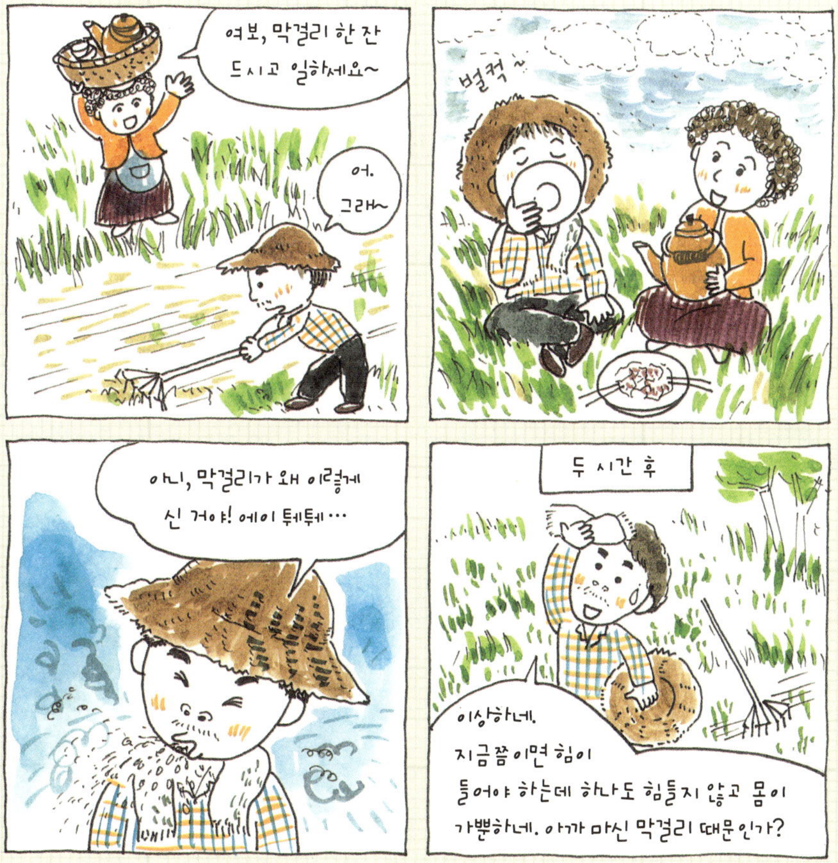

자연을 이용해
새로운 약을
만들어 보라고!

신약 개발 08

고등학교 생물 II

5. 생물학과 인간의 미래 / 생명 과학의 미래

관련 교과

신약

신약은 우리나라 약사법의 정의로는, 화학 구조 또는 본질 조성이 전혀 새로운 신물질 의약품 또는 신물질을 유효 성분으로 함유한 복합 제제 의약품으로서 식품의약품 안전청장이 지정하는 의약품을 말한다. 그러나 미국 FDA에서는 반드시 화학적으로 새로운 성분이어야 하는 것은 아니며, 이미 승인된 약의 용량을 강화한 것, 처방이나 제조 방법을 변경하였을 경우에도 신약이라고 인정한다.

내 주변의 모든 것이 신약이 될 수 있다

우리가 흔히 말하는 일반 의약품은 대부분 천연 물질에서 약효가 인정된 단일 성분만을 분리한 후, 이를 화학적으로 합성해서 개발한 것이다. 이렇게 만든 화학 합성 약품은 그 빠른 약효와 간편성 덕분에 2차 세계대전 이후 눈부신 발전을 거듭하였다.

그러나 화학적 합성 과정에서 발생한 미세한 문제가 인체에 치명적인 피해를 입히는 등 부작용 또한 무시할 수 없었던 게 사실이다.

그런데, 천연 물질을 그대로 이용한 신약은 화학 합성 약품에 비해 부작용을 최소화할 수 있는 것으로 알려져 있다. 이러한 이유로 최근 의약 관련 회사나 연구소에서 천연 물질을 활용한 신약 개발 연구가 활발하게 진행되고 있다. 특히 과거에 우리 선조들이 민간 의약품으로 사용하던 쑥이나 약초 등의 효능을 재발견함으로써 값은 싸면서도 효능은 좋은 약품을 개발하기 위해 박차를 가하고 있다.

또한, 이전에는 주로 식물에서 신약 성분을 추출하였으나 최근에는 동물이나 세균까지 연구 대상이 될 정도로 범위가 매우 넓어졌다. 예를 들어 우리에게 해를 끼치는 기생충이 분비하는 물질을 추출하여 신약의 성분으로 사용하기도 한다. 사람을 순식간에 죽일 수 있는 복어의 독도 아주 적은 양만 사용하면 진통제가 된다.

이렇듯 천연 물질은 어떻게 사용하느냐에 따라 우리에게 독이 될 수도 있고 약이 될 수도 있다.

기생충, 너도 필요할 때가 있구나

기생충이 우리 몸에서 사라지지 않고 오래 살아남았다는 것은 우리 몸을 그리 손상시키지 않으면서도 잘 이용하고 있다는 뜻이다. 이러한 기생충의 특성을 잘 이용하면 훌륭한 신약을 개발할 수 있다.

십이지장충으로 알려진 구충은 입으로 들어가거나 피부와 접촉하면

5분 이내에 혈관이나 림프관을 통해 폐를 거쳐 소화 기관으로 들어가 소장에 이르게 된다.

소장에 자리를 잡은 구충은 이빨로 소장 점막에 착 달라붙어 피를 빨아먹으며 기생 생활을 시작한다. 이때 구충은 혈액을 빨아먹는 동안, 혈액 응고를 방해하는 물질을 분비한다. 이것은 혈액이 응고되면 빨아먹기 힘들어지기 때문이다.

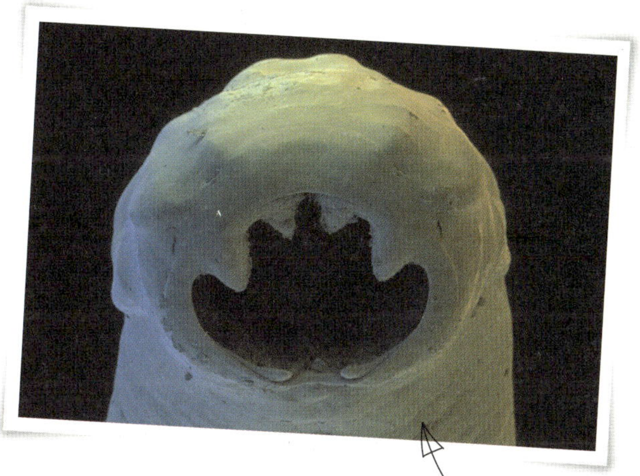

혈액 응고를 방해하는 물질을 분비하는 십이지장충

그런데 외과 수술을 할 때도 혈액이 응고되면 수술에 방해가 된다. 이때 십이지장충이 분비하는 혈액 응고를 방해하는 물질이 있으면 얼마나 좋을까! 여기서 아이디어를 얻어 십이지장충이 분비하는 물질을 약으로 개발한 것이 바로 '외과 수술용 혈액 희석제'이다. 기생충도 알고 보면 쓸모가 있는 셈이다.

복어 독의 이용

복어는 강한 독이 있지만, 한번 먹어 본 사람들은 꼭 다시 찾을 정도로 맛이 훌륭하다. 이러한 복어의 독은 '테트로도톡신(tetrodotoxin)'으로 복어 한 마리에 들어 있는 독만으로도 어른 33명을 죽일 수 있을 만큼 강한 독성을 나타낸다.

그런데 이렇게 강한 독이 오히려 약으로 쓰인다면 과연 믿을 수 있겠는가?

신경 세포는 신경의 흥분을 전달할 때 나트륨 이온(Na^+)을 세포막 사이로 이동시키는데, 신경 세포와 근육의 접합부에 작용하는 테트로도톡신이 이를 방해하여 신경의 흥분 전달을 차단한다. 이것은 결국 신경

호흡부전

호흡 기능에 이상이 생겨 숨을 쉬기 어려운 상태.

의 마비와 호흡부전으로 이어져 죽음에 이르게 한다.

그러나 이 독을 극히 적은 양만 사용하면 오히려 말기 암 환자와 류머티즘 환자의 고통을 덜어 주는 진정제 역할을 한다. 복어 독이 통증을 가라앉히는 정도는 모르핀보다 강하면서도 오히려 중독성은 없기 때문에 새로운 의약품으로 각광받게 되었다. 인간의 목숨을 위협하던 독이 오히려 인간의 고통을 덜어 주는 약이 된 셈이다.

▶ 약은 의사의 처방에 따라 정확하게 먹어야 한다.

주목아! 암 좀 물리쳐

1960년대 초반에 미국 국립 암연구소는 자연에 반드시 항암 물질이 있을 것이라고 확신했다. 새로운 항암 물질을 개발하기 위해 지구 상의 수많은 동물, 식물, 광물 등을 조사하기 시작했다. 당시 3만 종의 천연 물질을 조사했는데, 그중에서 주목 껍질의 추출물이 항암 효과가 있다는 사실이 밝혀졌다. 주목에서 추출한 이 물질은 '택솔'이라고 부른다.

암세포는 정상 세포와는 달리 필요 이상으로 세포 분열이 많이 일어나면서 번식해 가는 특징이 있다. 만약 이 세포 분열을 중단시키는 물질이 있다면 암세포는 더 이상 번식을 하지 못할 것이다. 암세포의 세포 분열을 방해하는 능력을 가진 것이 바로 '택솔'이다.

암세포가 증식하려면 세포 분열 중기에 형성된 방추사가 분해되면서 염색체를 양쪽으로 이동시켜야 하는데, 택솔은 방추사의 분해를 방해함으로써 암세포의 세포 분열을 중기에서 멈추게 한다. 따라서 암세포는 더 이상 세포 분열을 할 수 없게 되므로 죽는다. 택솔은 난소암, 유방암, 폐암, 위암 등에 탁월한 효과가 있다고 한다.

방추사

세포의 체세포 분열 때 형성되는 가는 실 모양의 섬유질 단백질로 양쪽 극 사이 또는 양쪽 극과 염색체 사이를 연결해 주는 역할을 한다.

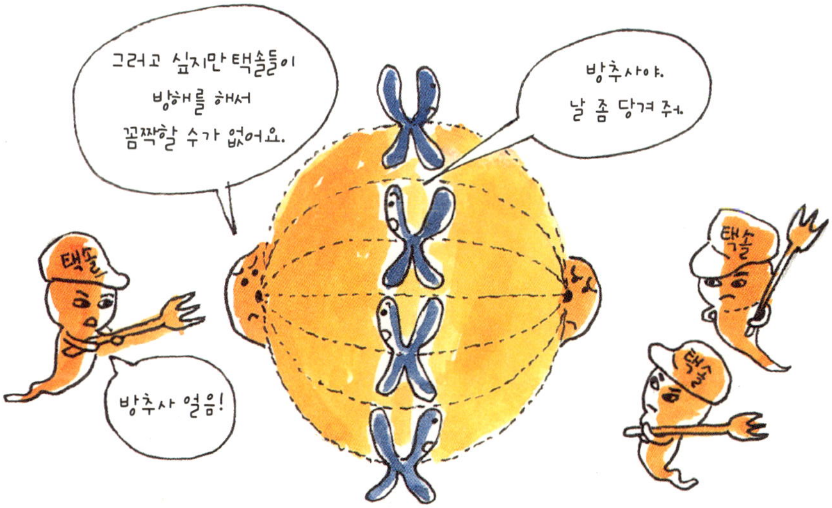

선조들의 지혜가 깃든 쑥

'쑥'은 봄나물 중에서도 우리 조상들이 가장 많이 사랑하고 애용했던 나물 중 하나이다. 단군 신화에서 쑥과 마늘을 먹은 곰이 웅녀로 변하여 단군을 낳았다는 이야기가 있을 정도로 쑥은 마늘과 함께 우리나라에서 수천 년 전부터 식용으로 이용되어 왔다.

쑥은 뛰어난 약효 때문에 '의초' 또는 '천연초'로 불렸으며 예부터 우리 선조들은 쑥이 위장 계통에 좋다 하여 입맛이 없거나 소화가 잘 되지 않을 때 약 대신 달여 먹기도 했다.

그런데 쑥은 어떻게 이러한 약효를 내는 걸까? 이 비밀을 현대 의학의 힘으로 분석해 본 결과, 쑥은 위의 점액 분비를 촉진시켜 위 점막을 보호하고 손상된 세포의 치유를 촉진시킨다는 사실이 밝혀졌다. 또한 몸에 나쁜 활성 산소를 제거하는 항산화 작용으로 위 점막의 손상을 억제하는 기능이 있다는 것도 밝혀졌다.

이는 전통적으로 전해 내려오던 식물의 약효가 과학적으로도 증명된 대표적 사례이다. 아마 이러한 예는 쑥뿐만 아니라 다른 전통 약용 식물에서도 어렵지 않게 발견할 수 있을 것이다. 따라서 앞으로 선조들의 지혜가 깃든 민간의 의학 상식들을 보다 과학적으로 분석하고 검토해 볼 필요가 있다.

확장교양

우리나라 신약 1호 '선플라'

우리나라에서는 1999년에 처음으로 SK케미칼의 국내 기술진이 신약을 개발했다. 신약 1호 '선플라'는 백금 착제 항암제로 암세포의 핵 안에 존재하는 DNA 이중 나선 구조에 백금(Pt) 원자를 중심으로 한 분자가 부착되어 DNA의 복제를 방해하는 역할을 한다.

이 개발 덕택에 비싼 항암제를 수입하던 것에서 벗어나, 값싼 가격으로 국내에 약을 공급할 수 있었다. 뿐만 아니라 세계 여러 나라에 특허를 신청함으로써 수출을 통해 높은 소득을 올릴 수 있게 되었다.

역사적으로는 근대 제약 산업이 시작된 지 100여 년 만에 신약 개발국의 대열에 첫발을 들여놓게 된 것이다.

또한 '선플라' 개발은 국내의 신약 개발을 가속화시켰다. 우리나라는 꾸준히 신약들을 발표하고 있는데, '선플라' 이후 국내에서 나온 신약은 약 10여 가지에 이른다.

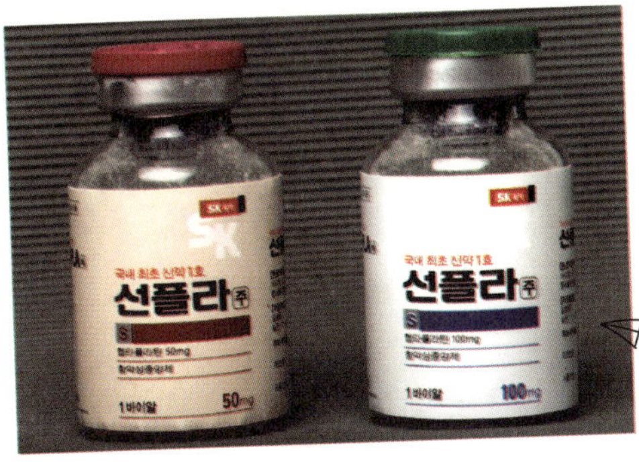

우리나라 신약 1호인
선플라(Sunpla) 주사약

You Know What?

신약의 멀티 플레이 시대

우리는 주변에서 가끔 약을 달고 사는 사람을 볼 수 있다. 혈압 약, 위장 약, 변비 약, 두통 약, 거기에다 감기 약까지! 그런데 이 사람들이 약을 먹는 모습을 보고 있으면 가관이 아닐 수 없다.

여러 개의 약병에서 약을 꺼내어 모으면 한 주먹이나 된다. 약이 너무 많아 한꺼번에 삼키지 못할 것 같은지 두 번에 나눠서 물과 함께 삼키면 이들의 약 먹는 고행(?)은 끝이 난다. 그러나 대부분의 약이 하루 세 번을 먹어야 하기 때문에 이들의 고행은 매일 세 번씩 계속된다.

이런 사람들을 보면서 드는 생각이 있다.

'어느 포지션이나 소화해 내는 멀티 플레이어 박지성 선수처럼 여러 가지 병을 동시에 치료할 수 있는 멀티 플레이어 신약이 있다면 얼마나 좋을까!'

그런데 꿈은 이루어진다고 했던가. 이런 멀티 플레이어 신약이 등장하여 화제가 되고 있다. '카듀엣'이라는 약이 그 주인공인데, 이 약은 고혈압과 고지혈증을 동시에 치료할 수 있는 기능을 가지고 있다. 즉, 이전에는 고혈압 약 따로, 고지혈증 약 따로 먹었어야 했는데, 이제 한꺼번에 두 가지 치료를 동시에 할 수 있게 된 셈이다.

또, 맥스마빌이라는 약 역시 멀티 플레이어 신약이다. 이 약은 골다공증 치료제이면서 칼슘의 흡수를 돕는 두 가지 기능을 가지고 있다. 이전에는 골다공증 환자가 골다공증 약과 칼슘의 흡수를 돕는 약을 각각 따로 먹어야 했으나 이제 한 번에 해결하게 된 셈이다.

이외에도 여러 가지 다기능 약이 개발되어 시중에 나오고 있으며 앞으로도 계속 개발될 예정이다. 그러나 가만히 생각해 보면 여러 가지 병을 동시에 앓는 허약한 몸이 되는 것 자체가 불행이 아닐 수 없다. 이런 다기능 약을 먹지 않도록 평소 건강에 신경 쓰는 것이 훨씬 똑똑한 행동일 것이다.

늙어서도 건강을
유지하려면 운동을
해야 해!

노화 방지 09

관련 교과

고등학교 생물 II

5. 생물학과 인간의 미래 / 생명 과학의 미래

누구나 동안이 될 수 있다

역사 이래로 인간은 노화 현상과 싸워 왔다. 고대 중국의 진시황제는 영원히 늙지 않고 살 수 있는 '불로초'를 찾아 헤매었지만, 그 역시 죽음을 피할 수는 없었다. 우리는 21세기 최첨단 과학 시대를 살고 있지만, 아직까지 영원히 늙지 않는 사람이 있다는 이야기는 들어 본 적이 없다.

피부의 노화 현상에는 다른 장기와 달리 시간이 흐르면 노화하는 내인성(내적) 노화 외에 시간에 관계 없이 노화하는 외인성(외적) 노화가 있다. 내인성 노화는 나이를 먹음에 따라 자연스럽게 진행되는 노화로 인체의 모든 장기가 겪는 노화와 크게 다르지 않다. 그러나 외인성 노화는 주로 햇빛이라는 외적 원인 때문에 생긴다.

인간이 20대의 젊음을 유지하지 못한 채 늙는 이유는 내인성 노화와 외인성 노화가 함께 진행되기 때문이다. 특히 얼마나 늙었는지 판단하는 기준이 되는 피부의 노화에는 외인성 노화가 내인성 노화보다 더 결정적인 역할을 한다.

집에 할머니, 할아버지가 계신 친구들은 할머니, 할아버지가 목욕하실 때 등을 밀어 드리면서 얼굴과 등의 피부를 비교해 보자. 얼굴 피부에 더 주름이 많고 노화가 많이 진행되었다는 것을 느낄 수 있을 것이다. 왜 이런 현상이 생길까?

할머니와 손녀의 손

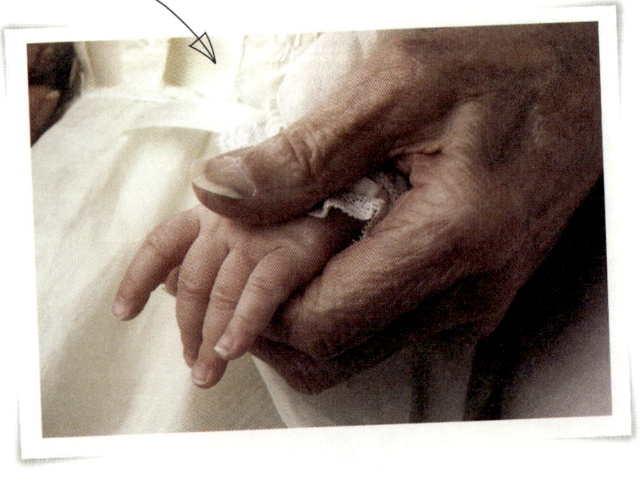

할머니, 할아버지의 피부를 자세히 들여다보면 얼굴이나 목, 손처럼 밖으로 노출된 피부와 팔 안쪽이나 가슴처럼 노출이 잘 안 되는 속살은 분명 큰 차이가 있다. 노출된 부위는 쭈글쭈글 한데다가 검버섯이나 기미 같은 잡티가 많은 반면, 속살은 피부가 처지긴 했어도 잡티도 적

고 뽀얀 게 아주 곱다. 이것은 햇빛에 노출된 피부가 그렇지 않은 피부보다 더 빨리 노화된다는 의미이다.

그런데, 텔레비전에 나오는 할머니 탤런트들은 이상하게 우리 할머니보다 주름도 적고 나이도 덜 들어 보인다. 텔레비전이나 영화에 나오는 배우들은 외인성 노화의 주범인 햇빛으로부터 피부를 보호하기 위해 많은 노력을 기울이기 때문에 보통 사람들보다 더 젊어 보이는 것이다. 따라서 누구나 피부 노화의 과정을 이해하고 이를 막기 위해 노력한다면 동안으로 거듭날 수 있다.

콜라겐

교원질, 아교질이라고도 한다. 힘줄, 인대, 진피의 결합 조직층, 상아질, 연골 조직 등에 있는 단백질로 장력이 크고 탄력이 적은 흰색의 섬유 성분이다. 콜라겐은 물에 잘 녹지 않는 단백질이며 글리신을 많이 함유하고 있다. 끓는 물에서는 젤라틴으로 변한다.

피부 노화의 특징

사람의 얼굴은 생리적 노화만 진행되는 속살과는 달리 365일 햇빛에 노출될 수밖에 없기 때문에 가장 빨리 노화가 나타나는 곳이다. 이처럼 햇빛에 의해 진행되는 노화를 '광 노화' 라고 한다. 그러면 햇빛은 왜 노화를 일으키는 걸까?

광노화를 일으키는 주범은 햇빛의 성분 중 하나인 자외선이다. 자외

엘라스틴

주로 포유동물의 결합 조직을 구성하는 단백질의 한 종류로 탄력성 있는 섬유로 이루어져 있다.

멜라닌

동물의 피부나 눈 등에 존재하는 흑갈색의 색소를 말한다.

선은 피부의 탱탱함을 유지시켜 주는 콜라겐과 엘라스틴의 양에 변화를 주어서 피부 노화 현상을 일으킨다. 즉, 콜라겐 양은 감소시키고 변성된 엘라스틴의 양은 과잉으로 증식시켜, 피부가 얇아지고 탄력성을 잃으니까 주름이 잡히고 처지게 된다.

또한, 피부는 자외선에 대한 방어의 수단으로 멜라닌 세포를 증가시켜 기미, 잡티, 주근깨 같은 것들을 만들어 낸다. 결국 햇빛이야말로 피부에 나타나는 노화 현상들, 즉 주름이나 얼룩덜룩한 잡티 등을 만들어 늙어 보이게 하는 주범인 셈이다.

주름을 없애 주는 과학

사실 시간이 흘러 나이를 먹고 주름이 생기는 것은 어쩔 수 없는 자연의 섭리이다. 하지만 늙고 싶지 않다는 인간의 욕망은 이러한 자연의 섭리까지 거슬러 주름을 효과적으로 제거하는 여러 가지 물질들을 찾아냈다.

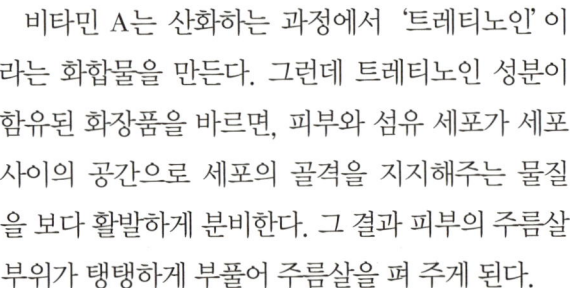

최근에는 다양한 기능성 화장품이 개발되어 많은 여성들이 사용하고 있다.

비타민 A는 산화하는 과정에서 '트레티노인'이라는 화합물을 만든다. 그런데 트레티노인 성분이 함유된 화장품을 바르면, 피부와 섬유 세포가 세포 사이의 공간으로 세포의 골격을 지지해주는 물질을 보다 활발하게 분비한다. 그 결과 피부의 주름살 부위가 탱탱하게 부풀어 주름살을 펴 주게 된다.

뿐만 아니라, 트레티노인은 콜라겐의 합성을 촉진하고 정맥을 팽창시키는 역할을 하며, 결과적으로 피부에 산소 공급을 활발하게 해 주어 피부가 두꺼워지는 효과를 준다.

과학자들은 트레티노인이 DNA와 상호 작용을 하는 특정 수용기와 결합함으로써 어떤 유전자의 기능에 영향을 미치는 것으로 생각한다.

한편, 최근에는 주름을 제거하는 기능성 화장품보다 훨씬 간편하고 효과도 높은 제품이 인기를 끌고 있다. 바로 '보톡스' 라는 제품이다. 이것은 '보툴리눔 톡신' 이라는 물질을 재료로 만드는데, 보툴리눔 톡신은 상한 통조림 등에서 흔히 발생하여 식중독을 일으키는 클로스트리디움 보툴리눔이라는 박테리아가 만드는 독소이다.

보툴리눔 톡신은 운동 신경과 근육이 만나는 곳에서 신경 전달 물질인 아세틸콜린의 분비를 억제하여, 근육의 수축을 막아 이완시키는 작용을 한다. 그러므로 표정 주름이나 뭉쳐 있는 근육, 발달한 근육을 이완시켜 더 이상 발달하지 않도록 하는 작용을 한다. 이러한 작용의 결과, 깊이 패여 있던 주름이 짧은 시간에 사라지게 만든다.

보툴리눔 톡신으로 만든 보톡스는 원래 안면 경련이나 사시, 뇌성 마비 같은 근육 및 신경 질환을 치료하기 위해 개발되었다. 그러던 것이 주름 제거에 효능이 있다는 사실이 알려지면서 1990년대부터는 주름 제거를 위해 더 많이 사용하기 시작했다.

사시

흔히 사팔뜨기라고 불리는 눈의 이상 현상. 사물을 바라볼 때 한쪽 눈은 똑바로 바라보는데, 다른 쪽 눈은 목표물과 다른 방향을 보게 되는 현상이다.

아세틸콜린

신경 세포 끝 부분에서 분비되며, 신경의 자극을 전달하는 화학 물질이다.

그런데 여기서 한 가지 짚고 넘어갈 것이 있다. 현재 시중에 나와 있는 각종 기능성 화장품이나 주름 제거 의약품들은 안전성을 인정받고는 있지만, 완전무결한 것은 아니라는 점이다. 즉, 사람에 따라 부작용이 발생할 수도 있다. 따라서 이러한 제품을 사용할 때는 항상 전문가의 도움을 구하는 것이 좋다.

또한 주름이나 노화 현상을 무조건 나쁘게만 여기는 자세에 대해서도 다시 한 번 생각해 보는 것이 좋겠다. 모든 사람은 태어나서 죽음에 이르기까지 자연스럽게 나이를 먹고 늙어 간다. 그리고 그 과정에서 생기는 주름은 그 사람이 살아온 인생을 축약해서 보여 주는 것일 수도 있다. 아버지나 할아버지의 이마와 눈가에 패인 주름살을 생각해 보자. 그분들의 주름은 생계를 위해 고된 일도 마다하지 않고 살아오는 과정에서 생긴 것이다. 어쩌면 삶의 훈장이라고도 할 수 있을 것이다. 우리가 이러한 주름을 자랑스럽게 여길지언정 혐오스럽다고 할 수는 없는 일이 아니겠는가?

비타민 C는 피부 미인의 필수품

아기들의 피부가 맑고 투명한 이유는 피부 속에 콜라겐이 가장 많은 시기이기 때문이다. 즉, 콜라겐을 유지시키는 것이야말로 어리게 보이는 비결이다. 그런데 이러한 콜라겐은 음식물을 통해 섭취하더라도 체내에서 잘 흡수되지 않고 소화, 배출되어 버린다. 콜라겐의 체내 흡수를 도와주고 생성을 촉진시키는 신비의 명약이 있는데, 바로 비타민 C이다.

비타민 C는 피부 단백질인 콜라겐의 합성을 돕고, 피부에 탄력을 주는 단백질인 엘라스틴을 보호해 잔주름을 예방한다. 또한, 피부에 잡티를 만드는 멜라닌 색소가 과도하게 생성되는 것을 막아 주며, 자외선 차단 효과가 있기 때문에 피부를 예쁘고 뽀얗게 유지해 준다. 더구나 기미, 주근깨가 생기는 것도 막아 준다. 뿐만 아니라 피부 저항력을 강화시켜 알레르기성 피부와 쉽게 붉어지는 피부에도 좋다고 한다.

비타민 C의 가장 중요한 역할이 또 하나 있는데, 바로 항산화 작용이다. 우리는 호흡할 때 산소를 들이마시는데, 이 산소가 흡수되는 과정에서 약 1~2%는 우리 몸에 해로운 활성 산소로 변한다. 또한 피부가 자외선의 공격을 받으면 활성 산소가 더 많이 생긴다.

이런 여러 가지 이유로 체내에서 해독할 수 있는 양 이상으로 활성 산소가 많이 생기면, 세포막과 세포 내에 있는 유전자를 공격해 몸을 늙고 병들게 하며, 암을 유발하는 중요한 원인이 되기도 한다. 그런데 비타민 C가 이 활성 산소를

활성 산소

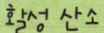

보통 산소보다 다른 물질과 작용하는 힘이 센 산소. 몸속에 들어가 산화 과정에 이용되면서 생체 조직을 공격하고 세포를 손상시킨다.

비타민이 많이 들어 있는 과일들

안정화시켜 주는 항산화 작용을 한다고 하니 정말 대단한 비타민 C가 아닐 수 없다.

노화를 방지하는 먹을거리

최근 노화 방지에 효과가 있다는 먹을거리들이 주목받고 있다. 마늘, 토마토, 양파, 다시마, 감자, 녹차, 포도주 등 다양한 먹을거리들이 노화 방지에 효과가 있다는 사실이 알려졌고, 이 중에서도 녹차와 토마토는 각종 상품으로 개발되어 커다란 인기를 얻고 있다.

녹차에는 노화를 막는 '카테킨' 성분이 들어 있다. 앞에서 노화를 일으키는 활성 산소를 줄이는 대표적인 항산화 물질로 비타민 C를 꼽았는데, 카테킨은 비타민 C보다 항산화 작용이 훨씬 강하고, 항암 및 항균 작용도 매우 강한 것으로 밝혀졌다.

우리는 녹차를 주로 물에 우려 마시는데 이 방법은 그리 좋은 것이 아니다. 녹차의 주요 성분인 비타민 E와 단백질이 물에 녹지 않기 때문이다. 녹차의 영양소를 최대한 섭취하기 위해서는 녹차를 요리해서 잎까지 먹는 것이 가장 좋다.

토마토는 유럽의 장수 국가로 유명한 이탈리아에서 매끼 먹는 채소다. 토마토는 덜 익은 것보다 빨갛게 잘 익은 것이 좋은데, 이는 토마토를 빨갛게 하는 '리코펜' 성분이 노화 방지에 효과적이기 때문이다. 리코펜은 활성 산소를 억제하고 동맥의 노화 진행을 늦춰 주는 효능이 있다.

토마토는 익혀서 먹는 것이 좋다. 이는 리코펜이 열을 가했을 때 몸에 더 잘 흡수되는 성질을 가지고 있기 때문이다. 한편 토마토에 설탕을 뿌려서 먹는 것은 가장 안 좋은 방법이다. 설탕을 뿌리면 먹기엔 좋을지 몰라도 영양소의 손실을 가져와 토마토의 효능을 떨어뜨린다.

보기 좋은 떡이
먹기도 좋다!
영양가는
글쎄……

백색 식품 10

관련 교과

고등학교 생물 I

2. 영양소와 소화 / 영양소와 건강

쌀겨
낟알을 둘러싸고 있는 껍질을 말하는데, 이 쌀겨를 벗겨 내면 현미가 된다. 현미에는 아직 겨 성분이 남아 있으며, 이 겨를 완전히 벗기면 흰쌀이 된다.

백색 식품을 조심하라

어떤 의학자가 흰쌀, 흰 밀가루, 흰 설탕, 흰 소금, 흰 조미료 등을 '건강의 5적'이라고 표현한 적이 있다. 그는 왜 이러한 식품들을 건강의 5적이라는 말까지 써 가며 나쁘게 본 것일까?

우선 이 식품들을 살펴보면 뭔가 공통점을 찾을 수 있다. 가장 먼저 발견할 수 있는 것은 일단 색깔이 희다는 점이다. 그러면 흰 식품은 무조건 몸에 좋지 않은 걸까? 그렇지는 않다. 우리는 흰 우유나 흰 마늘, 흰 양파가 몸에 나쁘다고 생각하지 않는다. 아니, 오히려 이런 식품들은 몸에 이롭다.

이들 식품에서 발견할 수 있는 또 한 가지 공통점은 모두 많이 가공하여 정제된 식품이라는 점이다. 흰쌀은 누렇게 익은 벼의 낟알을 벗기고 또 벗겨 내어 만든다. 중간 단계에 있는 쌀을 현미라고 하는데, 현미만 해도 겨(속껍질)가 어느 정도 남아 있으나 백미 단계에 이르면 씨눈과 겨가 완전히 벗겨지고 만다. 이러한 백미는 그야말로 벌거숭이산에 비유할 수 있다.

흰 밀가루는 또 어떤가? 밀가루는 밀을 빻아 가루로 만든 것인데, 밀 또한 거추장스러운 껍질을 완전히 다 벗겨 낸 상태에서 가루로 빻아 사

용한다. 나머지 흰 설탕이나 흰 소금, 흰 조미료 등도 자연에서 재배된 상태가 아니라 정제의 단계를 거쳐 만든 가공 식품들이다.

그러면 위의 다섯 가지 식품들은 껍질을 벗기거나 정제해서 만들었기 때문에 문제가 되는 걸까? 현미와 백미를 비교하면서 그 비밀을 알아보도록 하자!

현미 vs 백미

지금부터 불과 50년 전만 해도 하얀 쌀밥에 고깃국은 부자들의 밥상에서나 볼 수 있었고, 일반 서민들은 특별한 잔칫날에나 먹을 수 있는 귀한 음식이었다.

그러던 하얀 쌀밥이 웰빙 시대를 맞이하여 된서리를 맞고 있다. 그 이유는 오직 하나! 몸에 좋지 않기 때문이다. 그리하여 새롭게 각광을 받게 된 것이 현미로 지은 밥이다. 현미는 약간 누런 쌀로 표면이 거칠고 맛도 백미보다 떨어지기 때문에 사람들에게 외면당하던 식품이었다. 그런데 이 현미가 백미보다 몸에 좋다고 알려지면서 다시 인기를 얻게 된 것이다.

그러면 왜 백미는 몸에 좋지 않고 현미는 몸에 좋은 걸까? 이 둘을 비교하기 위해서는 쌀의 구조를 알아야 한다. 벼가 누렇게 익으면 낟알이 주렁주렁 달린다. 낟알은 거친 껍질로 싸여 있는데, 이 껍질을 벗기면 현미가 된다.

그러나 현미에는 아직 겨라고 불리는 껍질 성분이 남아 있기 때문에 색깔이 누렇다. 또한, 현미에는 씨눈이 달려 있다. 씨눈과 겨에는 몸에 좋은 식이섬유를 비롯한 각종 비타민과 무기질이 많이 들어 있다.

이 현미의 껍질을 벗겨 내고 또 벗겨 내면 씨눈까지 떨어져 나가 버리고 백미만 남는다. 백미의 성분은 대부분 탄수화물이고 약간의 단백질이 있는 정도다. 백미에서는 비타민이나 무기질이라고는 거의 찾아

3대 영양소

우리 몸에 필요한 양분을 영양소라고 하는데, 탄수화물, 단백질, 지방을 3대 영양소라고 하고, 비타민, 무기질을 합쳐 5대 영양소라고 한다.

볼 수가 없다.

"아니 탄수화물과 단백질이 있는데 왜 영양가가 떨어졌다고 그래요?"라고 반문하는 사람이 있을 것이다. 그러나 문제는 여기에 있다.

3대 영양소라고 하는 탄수화물과 단백질, 지방은 분해되어 에너지로 사용되는데, 문제는 이들을 분해하여 에너지로 사용하기 위해서는 반드시 비타민과 무기질이 적당하게 있어야 한다는 것이다. 백미를 가끔씩만 먹으면 문제가 없겠지만, 우리처럼 주식으로 먹게 되면 영양소의 편중 현상이 생긴다.

즉, 비타민과 무기질을 보충하지 않고 탄수화물만 계속 섭취하면, 우리 몸은 부족한 비타민과 무기질을 엉뚱한 곳에서 가져다 쓴다. 예를 들면 칼슘이 부족한 경우 뼈에서 가져다 쓸 수도 있는 것이다. 결국 쌀밥을 먹을수록 점점 뼈를 깎아 먹는 꼴이 되는 황당한 상황이 벌어지게 된다.

그럼 현미는 어떤가? 물론 현미는 탄수화물과 함께 비타민, 무기질이 풍부하므로 영양 균형이 잘 이루어져 건강에 매우 좋은 식품이다.

▶ **쌀의 구조**

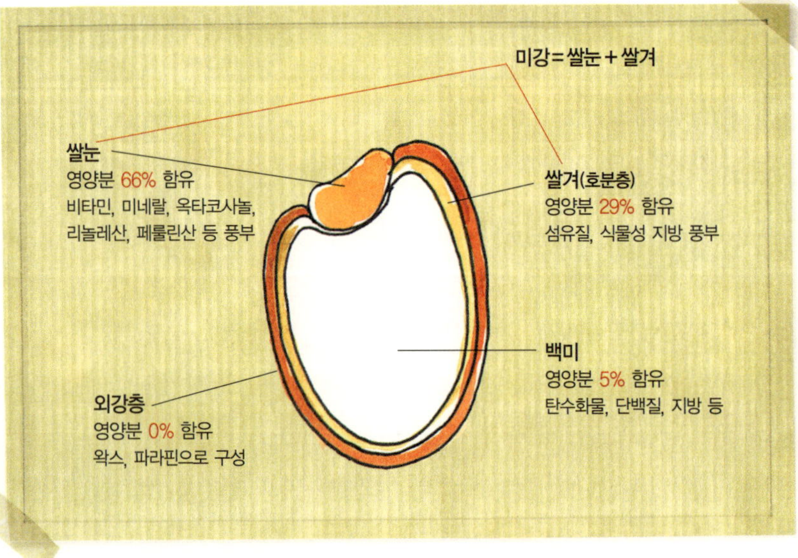

통밀 vs 흰 밀가루

통밀과 흰 밀가루의 관계는 현미와 백미의 관계와 같다. 우리나라와 같은 동양에서는 주로 쌀을 먹지만, 유럽이나 미국 같은 서양에서는 밀을 주로 먹는다.

그런데 서양에서도 1900년대 초까지는 흰 밀가루보다 통밀이나 통밀가루를 주로 먹었다. 그러다가 도정 기술이 발달하면서 껍질을 더 까내게 되었고, 결국 더 맛있는 흰 밀가루 위주로 먹게 되었다. 문제는 통밀을 먹던 과거에는 찾아볼 수 없었던 질병들이 흰 밀가루를 먹기 시작하면서부터 많이 나타났다는 사실이다. 이것만 보더라도 흰 밀가루가 몸에 좋지 않다는 것을 알 수 있다.

흰 밀가루가 몸에 좋지 않은 이유는 백미의 경우와 같다. 그러나 껍질을 덜 벗겨 낸 통밀은 현미처럼 몸에 좋은 식품이다. 이러한 사실을 알게 된 유럽과 미국에서 최근 통밀이나 호밀을 먹자는 움직임이 일어나고 있다.

호밀

어두운 색을 띠는 다른 종류의 밀이다. 호밀은 주로 북유럽 사람들이 많이 먹으며, 맥주를 만들 때도 쓴다.

효소

인체의 각종 화학 반응에서 촉매 역할을 하여 반응을 촉진시키는 단백질의 일종.

설탕, 소금 등 흰 조미료들의 문제점

음식의 맛을 내는 데 꼭 필요한 소금은 당연히 인간에게 필수적인 식품이다. 그런데 문제는 흰 소금이다. 흰 소금은 바다에서 채취한 천일염을 정제 가공하여 만든 것으로, 거의 염화나트륨으로만 이루어진 물질이다. 이러한 흰 소금만을 섭취할 경우 염화나트륨 과잉 상태가 되어 여러 가지 미네랄이 필요한 인체의 생리 작용에 교란 현상을 일으킨다. 따라서 흰 소금보다는 각종 미네랄이 포함되어 있는 천일염을 먹는 것이 좋다.

흰 설탕은 또 어떤가? 가정에서 주로 사용하는 설탕은 사탕수수나 사탕무의 즙액을 원료로 여러 단계의 정제 과정을 거쳐 만든 것이다. 문제는 설탕 또한 정제 과정에서 각종 영양소가 다 달아나고 오직 당류만 남는다는 데 있다. 이러한 설탕을 너무 많이 섭취할 경우 역시 우리 몸 안에 있던 비타민과 무기질의 손실을 가져온다. 특히 설탕은 칼슘의 손실을 가져오고 면역 기능을 약화시킨다.

마지막으로 흰 조미료란 화학적인 합성을 통해 만든 화학조미료를 뜻한다. 화학조미료를 많이 섭취하면 인체 내 효소의 기능에 큰 영향을 준다. 효소는 사람이 살아가기 위해 필요한 양분을 흡수하고 에너지를 생성하는 데 매우 중요한 역할을 한다. 이러한 효소의 기능에 문제가 생기면 신체 기능에 이상이 생기고 심하면 목숨을 잃을 수도 있다.

이렇게 문제가 많은 백색 조미료가 우리가 좋아하는 식품에 잔뜩 들어 있다는 것이 더 심각한 문제이다. 각종 과자, 아이스크림, 빵, 사이다, 콜라, 햄버거, 피자 등등. 이루 헤아릴 수 없을 정도의 식료품에 빠지지 않고 들어가는 것이 바로 백색 조미료이다. 사실 이러한 음식을 전혀 먹지 않고 살 수는 없다. 그러나 아무런 대책도 세우지 않고 백색 식품에 의존하는 것은 스스로 목숨을 깎아 먹는 행위라는 사실을 명심해야 할 것이다.

확장 교양

흑색 사랑, 블랙 푸드!

'블랙 푸드'가 몸에 좋다는 것은 건강에 관심이 많은 사람들에게는 오래전부터 알려진 사실이다.

블랙 푸드란 말 그대로 검정색 식품들을 의미한다. 흑미라고 불리는 검은 쌀부터 검은 콩, 검은깨 등이 이에 속한다.

이러한 블랙 푸드에는 '안토시아닌'이란 색소가 들어 있는데, 이것이 우리 몸의 항산화 능력을 길러 주고, 면역력을 향상시키며 각종 질병을 예방하는 효능이 있는 것으로 알려졌다. 《동의보감》에는 인체의 원천적 에너지를 관장하는 신장 기능을 강화하고 허약 체질을 개선하는 데는 검은색 식품들이 뛰어나다고 기록되어 있다.

검은색 음식의 대표격인 검은콩은 단백질과 식물성 지방질, 비타민 B가 풍부하다. 완두콩 등 다른 콩에 비해 항암 물질이 많으며, 신장 계통의 대사 촉진에 효과가 좋다. 또 체내의 독소를 빼내는 해독 작용이 뛰어나고 혈액 순환을 촉진시킨다. 혈관을 튼튼하게 해 줘 고혈압과 동맥 경화에도 좋다고 알려져 있다.

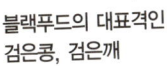

블랙푸드의 대표격인
검은콩, 검은깨

You Know What?

윽, 밀가루에 표백제를?

흰 밀가루가 몸에 좋지 않다는 이야기를 했는데, 이번엔 그보다 더한 이야기를 해야겠다. 우리가 시중에서 구입하는 밀가루는 단순히 밀을 빻아서 가루로 만든 성분만 있는 것이 아니라, 제품의 기능 향상과 보존을 위해 첨가물이 포함되는 경우가 있다. 이러한 첨가물은 주로 표백(흰색을 유지하기 위해)과 숙성(빵을 만들기 좋게 하려고)을 위해 첨가된다.

시중에서 파는 밀가루

금방 빻아 놓은 밀가루는 약간 노란빛을 띠는데, 이것을 흰색으로 바꾸기 위해 표백제를 넣는다. 왜 표백제까지 넣어 가며 흰색으로 바꾸려고 하는 걸까? 당연히 소비자들이 흰색을 좋아하기 때문이다. 표백제의 종류는 여러 가지인데, 그중 하나가 수돗물의 소독에 사용하는 염소 가스이다.

'윽, 살균 작용을 하는 염소 가스를 왜

밀가루에다 넣을까?' 라고 생각되겠지만, 염소는 훌륭한 표백제이고, 또 인체에 피해를 주지 않을 만큼의 양만 첨가하기 때문에 큰 문제가 되지 않는 것으로 알려져 있다.

그러나 흰 밀가루가 몸에 좋지 않다고 알려진 마당에 화학 물질까지 첨가된다는 것은 썩 좋은 느낌을 주지 못하는 것이 사실이다.

날씬한
몸매를 원하세요?
스콜라 과학 총서를
읽어 보세요.

다이어트 11

고등학교 생물 I

관련 교과

2. 영양소와 소화 / 영양소의 소화와 흡수

체지방

영양분을 많이 섭취하면 몸에 필요한 만큼 사용한 후에도 남는 영양분이 생긴다. 이러한 영양분을 지방 형태로 몸 안에 축적해 놓은 것이다. 만약 운동을 열심히 하여 섭취한 영양분으로 만들 수 있는 에너지보다 더 많은 에너지가 필요할 경우 체지방이 분해되어 에너지를 만들어 준다.

21세기의 관심, 비만

불과 1세기 전만 해도 끼니를 걱정해야 했던 인류는 이제 뚱뚱해진 배와 허리를 걱정하는 처지가 되었다. 다이어트가 가장 큰 관심사로 떠오른 것이다. 지구 한편에서는 수억의 인류가 극도의 기아 상태로 죽음에 내몰려 있지만, 역설적이게도 다른 한편에서는 비만으로 인해 사람들이 죽어 가고 있다.

'비만' 이란 살로 가득 찬 상태, 즉 칼로리 섭취량이 소비량보다 많아서 소비되지 못한 칼로리가 체지방으로 축적된 상태를 말한다. 하지만 유의해야 할 점은 체중이 많이 나간다고 해서 꼭 비만이라고 할 수만은 없다는 것이다. 왜냐하면 비만은 체지방의 양에 대한 개념이기 때문이다. 체지방량이 반드시 체중과 비례하는 것은 아니다. 우리 주변에는 골격이 크거나 근육이 많은 이유로 체중이 많이 나가는 사람이 얼마든지 있다.

그렇다면 체지방은 우리 몸에 있어서는 안 되는 나쁜 것일까? 그렇지 않다. 생명을 유지하기 위해서는 어느 정도의 지방은 필수적이다. 여기에는 남녀 간에 다소 차이가 있는데 일반적으로 남자는 지방 조직보다

근육 조직이 발달하고, 여자는 근육 조직보다 지방 조직이 발달한다. 따라서 남자는 체지방량이 체중의 14~17%이면 정상이고, 여자는 이보다 5% 정도 높아 체중의 19~22% 정도의 체지방량이 정상이라고 한다. 비만이란 체지방량이 정상 범위를 벗어난 상태, 즉 남자는 체중의 25% 이상, 여성은 30% 이상인 경우를 말한다.

다이어트의 핵심, 기초 대사량

기초 대사란 신체가 생명을 유지하는 데 필요한 최소한의 에너지 소비를 뜻한다. 주로 인체 내부 기관들의 활동에 필요한 에너지를 말하는데, 폐로 숨을 쉬거나 심장이 박동할 때 등 우리 몸 곳곳에서 이루어지는 장기들의 활동에 의해 소비되는 에너지가 바로 기초 대사이다. 즉, 아무 일을 하지 않아도 우리 몸이 살아 있기 위해 저절로 소모되는 에너지의 양이 기초 대사량인 셈이다.

기초 대사량은 전체 대사량의 약 60~70%를 차지하고 있다. 그러므로 기초 대사량을 늘려 칼로리를 소모하는 것은 운동을 통해 칼로리를 소모하는 것만큼이나 중요하다. 그렇다면 기초 대사량을 늘리기 위해서는 어떻게 해야 할까?

기초 대사량을 늘리기 위해서는 우선 근육량을 늘려야 한다. 인체의 근육은 자체 생존을 위해 스스로 칼로리를 소모하기 때문이다. 그러므로 근육이 많은 사람은 근육이 적은 사람보다 기초 대사량이 더 많다. 더구나 근육에서 소모하는 열량은 기초 대사량의 40%를 차지한다.

기초 대사량을 늘리는 다른 방법으로는 교감 신경의 움직임을 활발하게 하는

교감 신경과 부교감 신경

자신의 의지와는 상관없이 움직이는 심장 운동, 호흡 운동 등을 계속하는 데 필요한 기능을 조절하는 것은 자율 신경이다. 자율 신경 가운데 이러한 움직임을 쉬게 하는 것이 부교감 신경이라면, 활성화시키는 것이 교감 신경이다. 즉, 기쁘거나 슬프거나 놀랐을 때 교감 신경이 활성화된다.

것이 있다. 인체에는 교감 신경과 부교감 신경이 있는데, 이 중 교감 신경은 신체의 기능을 왕성하게 하기 때문에 기초 대사량을 늘려 주는 역할을 한다. 하지만 지나치게 교감 신경을 자극할 경우 인체의 긴장 상태가 지속되므로 적당히 활성화하는 것이 좋다.

다이어트의 적, 요요 현상

요즘은 다이어트가 워낙 보편화되어 요요 현상이라는 말도 누구나 한 번씩은 들어 보았을 것이다. 요요 현상이란 무리한 다이어트로 한때 체중이 줄었다가 다시 원래의 체중으로 급속하게 복귀하거나, 그 이상으로 증가하는 현상을 말한다.

사람의 몸은 만일의 사태에 대비하기 위해 일정 정도 지방을 축적해 두는 방식으로 몸을 보호한다. 만약 오랫동안 음식을 섭취할 수 없는 상황이 되거나 평소보다 훨씬 많은 에너지를 써야 할 상황이 되었을 경우 미리 저장해 두었던 지방을 사용함으로써 생명을 연장할 수 있다. 그런데 많은 영양소 중에서 왜 하필 지방을 비축해 둘까? 이는 지방이

동일한 양을 섭취했을 때, 다른 영양소인 탄수화물이나 단백질에 비해 두 배가 넘는 에너지를 만들어 내는 고급 에너지원이기 때문이다.

그런데 이렇게 비축되어 있던 지방의 비율이 어느 날 갑자기 감소하면, 인체는 즉각 그 감소된 비율을 줄이기 위해 지방을 채우려 한다.

즉, 몸이 쓰는 에너지를 최대한으로 줄이려고 노력하며, 이것은 기초 대사량의 감소로 이어진다. 기초 대사량이 감소한다는 것은 무엇을 뜻할까? 이는 이전과 같은 양의 밥을 먹어도 기초 대사량 감소로 인해 에너지가 남는 상태가 되며, 이 남는 에너지로 갑자기 감소된 지방을 채우려 한다는 뜻이다. 요요 현상의 원인은 인체가 다시 원상태로 돌아가려는 성질에서 비롯된 것이다.

물만 잘 마셔도 살이 쏙쏙 빠진다

그렇다면 다이어트는 영원히 불가능한 것일까? 요요 현상은 갑자기 식사량을 줄이거나 약물 복용 등을 통해 단기간에 무리한 살빼기를 했을 때 주로 찾아온다. 따라서 적절한 방법으로 지속적인 관리를 한다면 다이어트에 성공할 수도 있다.

이러한 요요 현상을 최소화하면서 다이어트에 성공할 수 있는 방법을 한 가지 소개하겠다. 그것은 바로 '물 다이어트' 다. 물 다이어트란 말 그대로 물을 마시며 살을 빼는 방법이다. 이것은 안전하게 살을 뺄 수 있는 최고의 방법 중 하나이다.

물은 칼로리가 없지만 물을 흡수하고 배설하는 과정에서 신장은 상당한 에너지를 쓰게 된다. 또한, 물은 변비를 예방하는 효과가 있어 체내 신진대사를 활발하게 함으로써 기초 대사량을 늘려 주는 역할을 한다. 이처럼 물 다이어트는 물을 통해 신체의 칼로리 소비를 유도하는 것이다.

물 다이어트는 그 방법도 크게 어렵지 않다. 정상적인 식사를 하면서

신장

혈액 속의 노폐물을 걸러 내어 오줌의 형태로 몸 밖으로 내보내는 역할을 하는 배설 기관.

신진대사

생물이 살아가기 위해 필요한 영양분을 섭취하고, 이러한 영양분을 흡수하기 좋은 물질로 변화시키거나 에너지를 만드는 데 사용하는 등의 과정에서 일어나는 모든 화학적 반응을 말한다.

적당한 시간과 양을 지켜 물을 마시기만 하면 된다. 물론 단기간에 효과가 나타나지는 않지만, 과식을 피하고 규칙적인 식사를 하면서 적당히 운동을 해 준다면 분명 효과를 볼 수 있다. 또한, 물 다이어트는 부작용이 없다는 것이 커다란 장점이다.

고기를 맘껏 먹는 다이어트

우리는 보통 다이어트라고 하면 먹고 싶은 것들을 먹지 않고 참고 견디는 모습을 연상한다. 특히 다이어트를 할 때 맛있는 고기를 먹는 것은 반드시 피해야 할 행동이라고 생각한다.

그러나 육류를 마음껏 먹으면서 다이어트를 한다고 하여 많은 사람들의 관심을 모은 방법이 있다. 일명 '황제 다이어트'인데, 주된 방법은 탄수화물의 섭취를 극도로 제한하고 주로 단백질 위주의 식사를 하는 것이다.

탄수화물이 분해된 포도당은 우리 몸의 주요 에너지원인데, 이러한 탄수화물을 섭취하지 않으면 몸은 에너지원을 얻기 위해 체지방을 분해할 수밖에 없다는 것이다.

또한, 단백질 위주의 식사를 하면 신진대사에 소모되는 에너지의 양이 늘어난다. 음식을 먹으면 몸속에서 소화, 흡수, 저장 등의 대사 과정을 거치며, 이때 많은 에너지가 소모된다. 특히 단백질 위주의 식사를 하면 탄수화물이나 지방 위주의 식사를 할 때보다 대사에 필요한 에너지의 양이 더욱 커진다. 이런 이유로 살이 빠지는 것이다.

황제 다이어트는 또한 다른 다이어트 방법에 비해 비교적 건강하게 살을 뺄 수 있다는 장점이 있다. 날씬해지려는 욕심에 무조건 굶었다가는 건강에 이상이 생긴다. 특히 단백질을 전혀 섭취하지 않으면 병에 대한 면역력까지 떨어져 각종 세균성 질환에 걸리기 쉽다. 하지만 황제 다이어트는 몸에 좋은 양질의 단백질을 충분히 섭취하면서 살을 빼는 것이기 때문에 이러한 문제가 생기지 않는다.

그러나 황제 다이어트 역시 영양소를 골고루 섭취하지 않고 단백질 섭취를 극단적으로 늘리는 방식이기 때문에, 오랜 시간 황제 다이어트를 할 경우 오히려 건강을 해칠 수도 있다. 특히 단백질은 체내에 흡수되는 과정에서 몸에 해로운 질소 노폐물을 내놓는데, 질소 노폐물이 너무 많이 생기면 신장을 상하게 할 수도 있다. 또한 고기를 많이 먹다 보면 자연스럽게 다량의 동물성 지방과 콜레스테롤을 섭취하게 되어 동맥 경화나 고지혈증과 같은 질병을 일으킬 수도 있다.

요즘은 황제 다이어트와 유사하면서 야채나 과일을 이용한 다이어트 방법도 알려져 있는데, 이러한 모든 방법이 영양을 불균형하게 섭취함으로써 우리 몸의 신진대사를 강제로 변화시키기 때문에 장기간 계속할 경우 오히려 건강을 해칠 수 있다는 점을 명심해야 한다. 사실 가장 건강한 다이어트 방법은 영양을 골고루 섭취하되 과식하지 않고, 운동을 적절히 하는 것이다.

가장 좋은
다이어트는 평상시
습관을 올바르게
들이는 게
정답이지!

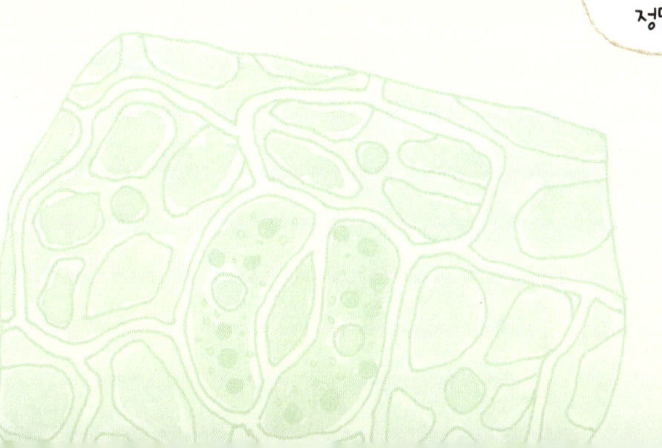

You Know What?

살빼기 세계 챔피언!

전 세계 살빼기 챔피언은 누구일까? 그 주인공은 476kg에서 142kg으로 무려 334kg이나 살을 뺀 미국의 로잘리 브래드퍼드이다. 그녀는 이런 엄청난 체중 감량에 성공하면서 자신의 이름을 기네스북에 당당히 올려놓았다. 재미있는 것은 기네스북에 그녀의 이름이 또 하나 올라 있다는 사실이다. 전 세계에서 '체중이 가장 많이 나가는 사람'으로 기록된 것은 그녀가 40대 중반에 접어든 1987년의 일이다. 당시 그녀의 체중은 무려 476kg!

그녀는 500kg에 육박하는 몸을 감당하기가 어려워 다이어트를 시작했는데, 전문가들의 도움으로 5년 만에 무려 334kg을 빼는 데 성공했다. 정말 인간 승리라 하지 않을 수 없다.

전 세계 다이어트 챔피언 자리에 오르자 그녀는 언론의 집중 조명을 받으면서 유명 인사가 되었다. 이후 텔레비전을 통해 비만의 위험성을 알리는 등 활발한 활동을 했다.

그녀는 2006년 63세의 나이로 세상을 떠났다. 사망 당시 그녀의 몸무게는 약 180kg이었던 것으로 전해진다.

한편, 지금까지 가장 뚱뚱했던 사람은 마뉴엘 유리베라는 멕시코 남자이다. 그는 2년여 동안 무려 230kg을 감량했다. 유리베는 식사량을 줄이기 위해 위 축소 수술을 받았고, 운동과 식이요법 등을 통해 이만큼의 성과를 얻었다고 한다. 그런데도 그의 몸무게는 아직도 340kg이나 나간다고 한다.

2008년 2월, 체중 감량을 마치고 병원에서 퇴원을 하게 된 유리베는 230kg의 몸무게를 줄였음에도 불구하고, 자신의 힘으로 병원을 나서지 못했다. 그는 특수 제작된 크레인과 트럭을 이용해 간신히 퇴원을 할 수 있었다고 한다.

▶ 다이어트를 통해 찾아낸 리모컨

감기와 독감은
무엇이 다를까?
바이러스가
다르지!

바이러스와 백신 12

관련 교과

고등학교 생물 Ⅰ

3. 순환 / 면역계

핵산

세포의 핵에 들어 있는 산성 물질이라는 의미로 핵산이라 불리며, 모든 생물체의 세포를 구성하는 유기물 중의 하나이다. 생물의 유전과 밀접한 관계를 맺고 있는 DNA와 RNA가 주로 핵산으로 이루어져 있다.

보이지 않는 위협 – 바이러스

2002년 중국에서 발생해 전 세계를 공포의 도가니로 몰아갔던 사스, 최근 인간에게까지 전염되는 것으로 알려진 조류 인플루엔자, 그리고 해마다 예방 주사를 맞아야 하는 독감까지, 이들의 공통점은 모두 바이러스가 원인이라는 것이다. 그리고 이 바이러스들은 환경에 따라 모습을 자주 바꾸기 때문에 한번에 퇴치가 불가능하다는 공통점도 갖고 있다.

이렇듯 퇴치가 불가능하거나 매우 까다로운 질병을 일으키는 바이러스들은 오랫동안 인간을 위협해 왔다. 아마 여러분도 신문이나 텔레비전 등을 통해 바이러스란 말을 자주 접했을 것이다. 그런데 이렇게 무서운 바이러스란 대체 무엇일까?

여러분은 수업 시간에 현미경으로 세포를 관찰해 보았을 것이다. 세포는 400배 이상의 배율로 관찰하여도 그 모양을 정확히 분간할 수 없을 정도로 작은데, 바이러스는 이러한 세포 속에 살고 있다. 즉, 바이러스는 300나노미터 이하의 아주 작은 크기로 전자 현미경으로만 관찰할 수 있다. 이처럼 바이러스는 주로 단세포로 이루어진 세균보다 더 작은 존재이며, 생존에 필요한 최소한의 단백질과 핵산만을 갖춘 채 나머지는 외부 생명체의 세포에서 얻는다.

세포 속에 들어 있는 에이즈 바이러스

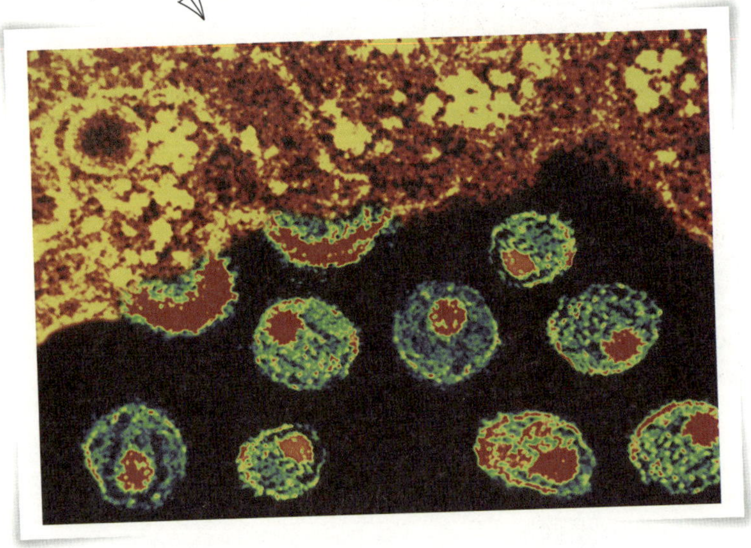

이렇게 작은 바이러스가 인간에게 침투하면 독감, 소아마비, 광견병, 에이즈 등 다양한 질병을 일으켜 생명을 위협한다. 바이러

스는 크기가 매우 작기 때문에 종류에 따라서는 동물의 배설물이나 물, 공기 등을 통해서도 쉽게 확산될 수 있다. 인구가 밀집된 지역에서 전염성 바이러스가 발생하면, 삽시간에 도시 전체로 퍼져 인간을 공포의 도가니로 몰아넣을 정도로 위력이 대단하다.

이러한 바이러스의 전염을 막기 위해서는 '백신'의 개발이 필수적이다. 백신은 질병을 일으키는 바이러스의 위력을 약화시키거나 그 일부를 이용하여 만들며, 사람에게 투여하면 면역 작용을 하는 항체를 만들어 준다. 이 항체는 똑같은 바이러스가 몸에 다시 침투했을 때 이전의 기억을 바탕으로 쉽게 바이러스를 퇴치할 수 있다.

그러나 백신의 개발은 말처럼 쉽지 않다. 따라서 우리는 백신 개발에만 의존할 게 아니라 평소 바이러스에 감염되지 않도록 청결한 생활 습관을 기르고, 바이러스의 감염 경로를 철저히 파악하여 더 이상 확산되지 않도록 하는 등의 대비책을 세워야 한다.

우리나라도 해마다 조류 인플루엔자에 시달리고 있죠.

조류 인플루엔자에 걸린 새들을 처리하는 사람들

조류 인플루엔자 확산 방지를 위한 노력이 전 세계적으로 일고 있다.

감기와 독감은 다르다

독감 예방 주사를 맞았는데도 왜 감기에 걸리는지 모르겠다고 하소연하는 사람들이 가끔 있다. 그러나 증상이 비슷하여 같은 것으로 생각하기 쉽지만 독감과 감기는 엄연히 다른 질병이다. 감기는 리노바이러스와 아데노바이러스 등 100가지가 넘는 바이러스가 원인이 되어 걸린다. 반면 독감은 인플루엔자라는 한 가지 바이러스가 원인이다. 따라서 감기는 특정 백신이 없지만, 독감은 백신을 만들 수 있다.

독감과 감기의 증상도 약간의 관찰력만 있으면 충분히 구별할 수 있다. 우선 일반적인 감기는 미열, 두통, 콧물, 기침, 재채기, 인후통 등이 주요 증상이다. 그러나 독감의 경우 38~40℃에 이르는 고열이 5일 이상 지속되기도 하며, 오한과 발열이 반복되고 근육통을 호소하며 심하

면 구토와 설사 증상을 보이기도 한다. 또한, 독감은 숨이 차는 증세나 안면 홍조, 안구 충혈 등의 증상을 나타내기도 한다.

감기와 독감은 치료 기간에서도 차이가 있다. 감기는 보통 3~5일에서 길어도 1주일이면 회복되지만, 독감은 보통 15일에서 한 달간이나 머물며 체력을 축내고 그 틈으로 폐렴이나 기관지염 등 또 다른 합병증을 불러오기 일쑤다. 독감에 의한 사망률이 높은 것도 바로 합병증의 발병률이 높기 때문이다.

또, 독감은 한번 유행하기 시작하면 그 지역 내에서 6주 내지 8주 동안 퍼지며 약 10~20%의 발병률을 보인다. 특히 노약자나 만성 질환자의 경우에는 40~50%까지 발병하기 때문에 사회 전반에 미치는 파괴력은 감기에 비할 수 없다.

인플루엔자

인플루엔자 바이러스는 핵단백질의 종류에 따라 A, B, C형 등이 있고, 바이러스 표면 항원 단백질의 종류에 따라 HA형과 NA형 등 두 종류로 분류한다.

독감 예방 주사를 매년 맞아야 하는 이유

앞에서 바이러스들이 환경에 따라 모습을 자주 바꾼다는 얘기를 했다. 독감 바이러스를 비롯한 대부분의 바이러스들은 세대를 거듭하면서 이전과 조금씩 모양이나 성질이 달라진다. 이러한 것을 변이라고 하는데, 독감 예방 주사를 매년 맞아야 하는 이유도 바로 이와 같은 변이 때문이다.

독감의 원인, 즉 인플루엔자 바이러스는 항상 변신을 하기 때문에 백신을 개발해도 이미 바이러스가 변이를 일으켰다면 무용지물이 된다.

독감 바이러스는 매년 소변이를 하는데, 길게는 10~40년을 주기로 대변이를 하면서 인류를 위협한다.

소변이는 '가'에서 '갸'로 되는 것처럼 기존의 유전자에서 모습이 조금 달라지는 것이지만, 대변이는 '가'에서 'A'로 되는 것처럼 새로운 종이 등장하는 것을 의미한다. 따라서 이러한 변이에 대비하는 백신을 지속적으로 개발해야 한다.

인류사에 큰 상처를 남겼던 독감은 모두 대변이에 의한 것이었다. 1918년 2,500만 명의 사망자를 냈던 스페인 독감이나, 1957년에 100만 명이 사망한 아시아 독감, 1968년 70만 명이 희생된 홍콩 독감, 1977년에 있었던 러시아 독감이 모두 이에 속한다.

이처럼 인류가 독감의 대변이에 속수무책인 것은 예측이 불가능할 뿐만 아니라, 대변이를 거친 바이러스에 대한 항체가 없는 상태에서 무차별적으로 공격을 당하기 때문이다.

독감 예방 주사는 독감이 유행하기 최소 2주 전까지는 맞아야 한다. 보통은 접종한 지 1주에서 2주 만에 항체가 생성되기 시작하여, 4주 정도 후면 최고조에 달하고, 효과가 지속되는 기간은 보통 5개월에서 1년

정도이다. 우리나라에서 주로 독감이 발생하는 시기가 1월~3월인 것을 감안하면, 9월~11월 사이에는 예방 접종을 하는 것이 좋다. 접종 후 열이 나거나 붓는 등 백신의 부작용을 우려하는 경우도 있는데, 최근에 개발되는 백신은 부작용이 거의 없으므로 걱정하지 않아도 된다.

바이러스 주의 결정

백신 생산에 사용하는 바이러스 주는 각국 보건 당국에서 스스로 결정하는 것이 원칙이지만, 독감 백신의 경우 대부분의 나라에서 WHO 독감 백신 추천 주를 사용한다. 이것은 독감 바이러스의 빠른 전파력 때문이라고 하겠다.

독감 백신은 어떻게 만들까

독감 백신은 한번에 대량으로 만들기가 어렵고, 또 약 3개월의 시간이 소요될 정도로 생산 과정이 만만치 않다. 따라서 각 나라의 보건 당국과 백신 제조 회사들은 올해 유행할 독감 바이러스의 타입이 무엇인지를 늦어도 그 해 6월까지는 결정해야만 독감 백신을 제때에 만들 수 있다.

백신은 우리 몸속에 병원체에 대한 항체를 생산하는 것이 최종 목적이므로 그 자체가 병원체, 즉 항원이 되어야 한다. 그래서 백신 제조의 첫 공정은 먼저 병원체를 인공적으로 배양하여 확보하는 일이다.

일반적인 백신 제조 과정은 세계 보건 기구(WHO)에서 올해 유행할 바이러스 주(종류)를 발표하는 2월부터 시작된다. 이때부터 닭이 낳은 지 11일째 된 유정란에 구멍을 뚫고 양수 안에 바이러스를 주입하여 2~3일간 배양한다. 배양한 바이러스는 포르말린으로 처리하여 독성을 약화시킨 후 백신을 완성한다.

그런데 초기의 백신에는 달걀 세포의 성분도 일부 포함되어 있었다. 따라서 이를 접종한 사람들이 발열, 경련을 일으키는 등 부작용이 많았으나, 1972년부터는 부작용이 없는 백신이 개발되어 보급되었다.

그런데 최근 조류 인플루엔자가 등장하면서 이러한 백신의 생산 과정에 문제점이 있다는 것이 드러났다. 왜냐하면 조류 인플루엔자의 최초 희생자가 바로 달걀을 낳는 닭이기 때문이다. 따라서 다른 백신 제조 방법이 필요해졌다.

새롭게 등장한 백신 제조 방법이 유전자를 이용하여 바이러스 항원을 생산하는 것이다. 즉, 항원에 해당하는 바이러스의 유전자를 세균에 이식하여 세균이 바이러스의 항원을 생산하게 하는 방법이다. 이 방법은 재래의 방법과는 비교가 되지 않을 정도로 많은 양의 항원을 싼값에 생산할 수 있고, 또한 배양 조건을 인공적으로 통제할 수 있기 때문에 품질 관리도 훨씬 쉬워진다는 장점이 있다.

▶ 독감 백신 생산 과정

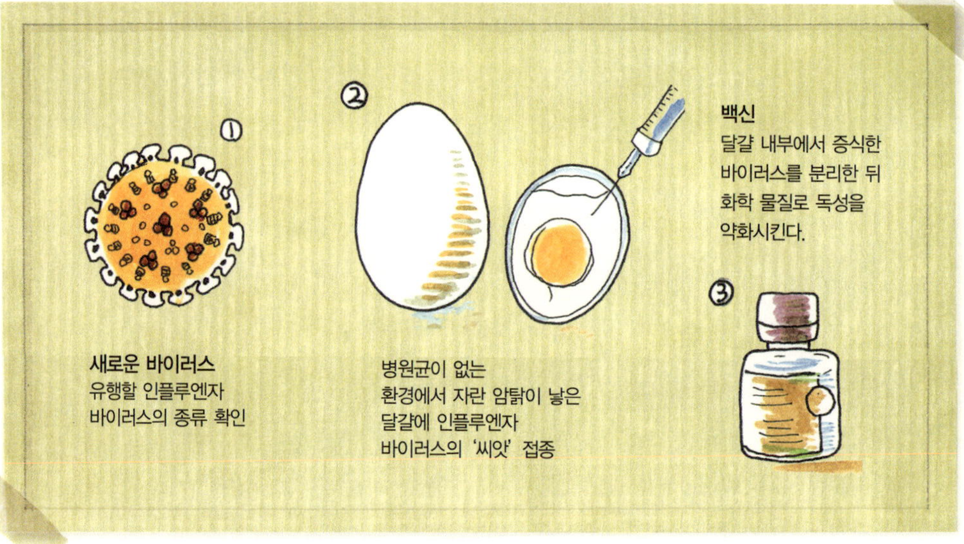

에이즈(AIDS)를 일으키는 바이러스

에이즈란 우리말로 '후천성 면역 결핍증'이라 한다. '후천성'이란 부모에게 유전으로 물려받은 것이 아니라는 뜻이다. 굳이 '후천성'을 붙이는 이유는 유전에 의한 '선천성 면역 결핍'도 있기 때문이다.

면역 결핍이란 혈액에 있는 백혈구 등이 외부에서 침입한 미생물이 몸속에서 증식하지 못하도록 하는 기능(면역)을 해야 함에도 그 기능이 약화되거나 전혀 작용하지 못하는 상태를 말한다. 따라서 에이즈에 걸리면 각종 질병을 일으키는 바이러스나 세균의 공격에 그대로 노출됨으로써 가벼운 감기조차 이겨 낼 수 없게 된다.

에이즈는 인간 면역 결핍 바이러스(HIV)에 감염되어 발병한다. 이 바이러스가 몸속에 침투하면 백혈구 안의 바이러스를 퇴치하는 역할을 맡은 T-림프구를 파괴한다. 이 때문에 인체의 면역성이 떨어지고, 각종 바이러스와 균의 공격에 대해 무방비 상태가 된다. 실제로 에이즈 환자가 죽는 이유는 새로 침투한 병원체에 의한 합병증 때문이다.

에이즈는 아직까지 백신이 개발되지 않고 있다. 그 이유는 이 바이러스가 돌연변이에 의한 새로운 바이러스 종이며, 꾸준히 변이를 일으키기 때문이다.

다행히 에이즈의 감염은 혈액, 성 접촉, 모유 등의 체액을 통해서만 가능하다. 그래서 식사를 하거나 포옹, 가벼운 입맞춤 등의 일상적인 생활에서는 감염의 위험성이 없다.

You Know What?

코로나 바이러스와 사스

여러분 가운데 2002년 11월에 발생하여 2003년까지 전 세계를 공포의 도가니로 몰아넣었던 '사스(SARS : 중증 급성 호흡기 증후군)'를 기억하는 사람은 많지 않을 것이다. 아마 그때 여러분은 너무 어렸을 테니까!

당시 사스는 중국 광둥 지역을 중심으로 발생하여 동남아시아 일대는 물론 캐나다, 미국 등 전 세계로 확산되었다. 발열과 호흡 곤란, 폐렴 등의 증상을 보이다가 결국 죽음에까지 이르게 하는 무서운 병이었다. 사스가 전 세계를 공포에 떨게 한 가장 큰 이유는 무서운 전염력 때문이었다. 중국에서 시작한 사스가 순식간에 미국으로 전파될 정도였으니까. 우리나라도 당시 이 무서운 병에 대비하기 위해 공항을 출입하는 모든 사람을 대상으로 검역을 했다.

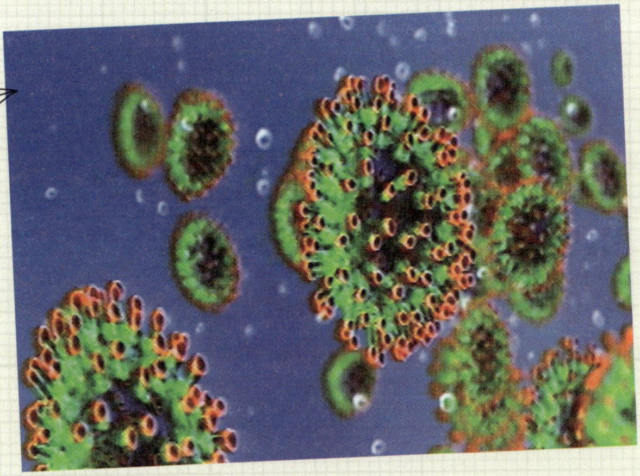

코로나 바이러스

발병 당시에는 밝혀지지 않았던 사스의 병원체는 코로나 바이러스로 드러났다. 이 바이러스는 1937년 닭에서 처음 발견됐고, 1965년에는 사람에게서도 발견되었다. 그러나 코로나 바이러스는 사람에게 감염됐을 때 코감기 등 주로 호흡기 증상을 일으키지만, 위험성이 높지 않아 그 동안 크게 문제가 되지는 않았다.

코로나 바이러스는 세균보다 작아서 일반적인 광학 현미경으로는 관찰할 수 없다. 전자 현미경으로 보면 꽃잎 모양의 돌기가 나 있어 태양의 코로나 현상(태양 대기의 가장 바깥층으로 개기 일식 때 달에 가려진 태양 둘레로 빛이 하얗게 발하는 모습으로 확인할 수 있다)과 비슷하다고 해서 코로나 바이러스라는 이름을 얻었다. 이름도 예쁜 코로나 바이러스가 왜 이렇게 강력한 바이러스로 변신했을까?

코로나 바이러스는 전염성이 강하고 다른 병원균과 쉽게 결합하는 특성이 있다. 따라서 과학자들은 개나 돼지 등을 거치면서 점차 강한 병원균으로 변형되었고, 이러한 신종 코로나 바이러스가 사람 몸에 들어와 치명적인 사스로 바뀌었을 것으로 추정한다.

공기도 정화해 주고,
세균도 잡아 주는 식물이 있어요!

기능성 식물 13

관련 교과

중학교2 과학

4. 식물의 구조와 기능 / 잎

고등학교 생물 II

2. 물질 대사 / 광합성 형성

식물의 힘을 빌리자

요즘 사람들은 무선 통신, 컴퓨터와 인터넷 등이 발달하여 업무를 대부분 책상에서 해결하므로 실내에 있는 시간이 많다.

현대인은 하루의 80% 이상을 실내에서 보내는데, 이에 따라 실내 공기 오염에 의한 새로운 질병이 등장했다. 요즘 자주 듣는 새집 증후군, 빌딩 증후군, 아토피성 피부염 등이 바로 새롭게 등장한 질병들이다.

그러면 실내 공기는 왜 오염되는 걸까? 이는 각종 건축 자재에서 내뿜는 환경 호르몬, 충분하지 않은 환기, 사람을 포함한 생물체에서 방출되는 생체 방출물들이 어우러져 실내 공기의 질을 나쁘게 만들기 때문이다. 그래서 공기 청정기를 사용하지만, 이것도 화학 물질을 이용하는 것이라 안심할 수는 없다.

그런데 공기 청정기 대신 식물을 이용하면 어떨까?

식물은 광합성을 통해 이산화탄소를 흡수하고 산소를 방출함과 동시에 각종 오염 물질을 흡수하여 실내 공기를 정화시켜 준다. 또한, 뿌리에서 흡수한 물을 기공을 통해 방출하는 증산 작용을 통해 실내의 습도를 적당하게 유지시켜 주는 역할도 한다. 그야말로 무공해 공기 청정기인 셈이다.

만능 공기 청정기

사람을 포함한 동물은 살아가기 위해 산소를 들이마시고 이산화탄소를 내보낸다. 집이나 사무실 같은 실내의 공간에서 많은 사람들이 활동하게 되면 공기 중의 이산화탄소 농도가 높아진다. 또한, 대부분의 집이나 사무실에서는 냉난방을 하기 때문에 환기도 잘 이루어지지 않아 실내 공기는 더욱 탁해진다. 이에 따라 어떤 사람들은 두통 등의 증상을 보이기도 한다.

이렇게 공기가 탁한 실내에 식물을 키운다면 어떤 일이 생길까? 식물체가 녹색인 이유는 엽록체 속에 있는 엽록소가 녹색을 띠기 때문이다. 이 엽록체에서는 광합성이 일어난다. 광합성은 공기 중의 이산화탄소와 토양에서 흡수한 물이 빛 에너지를 이용하여 엽록체 내에서 탄수화물과 산소를 만드는 과정이다. 한마디로 식물은 우리가 내쉬는 이산화탄소를 흡수하고, 신선한 산소를 제공하는 것이다.

그러나 이것뿐이 아니다. 식물은 잎의 뒷면에 분포하는 기공을 통해

기공

식물의 잎에서 광합성에 필요한 이산화탄소가 들어오고 광합성의 결과로 만들어진 산소가 나가는 공기의 이동 통로이다. 또, 뿌리에서 흡수한 물을 기체 상태로 내보내는 증산 작용이 일어난다.

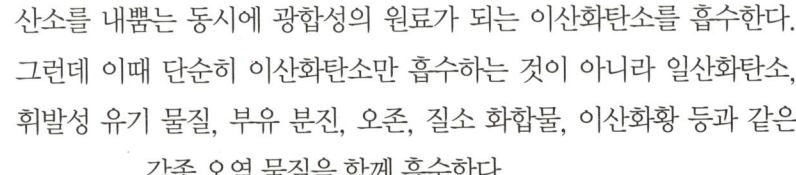

새집 증후군의 주범으로 알려진 포름알데히드를 흡수하는 산세베리아

산소를 내뿜는 동시에 광합성의 원료가 되는 이산화탄소를 흡수한다. 그런데 이때 단순히 이산화탄소만 흡수하는 것이 아니라 일산화탄소, 휘발성 유기 물질, 부유 분진, 오존, 질소 화합물, 이산화황 등과 같은 각종 오염 물질을 함께 흡수한다.

더욱이 식물이 흡수한 오염 물질은 식물의 체내에 축적되는 것이 아니라, 대사적 분해 작용을 통해 다른 물질로 변화한다. 연구 결과에 따르면, 새집 증후군의 주범인 포름알데히드는 잎의 기공을 통해 흡수된 후 유기산, 당, 아미노산과 같은 다른 물질로 바뀐다.

식물이 증산 작용을 할 때는 음이온이 발생하는데, 이것이 공기 중의 오염 물질을 해결할 수 있다. 먼지는 대부분 양전하를 띠고 있으며, 공기 중에 흩어져 분포한다. 여기에 식물체에서 음이온이 발생하면, 양이온인 오염 물질이 음이온 주위에 모이고 서로 중화되어 오염 물질이 제거되거나 아래로 떨어진다.

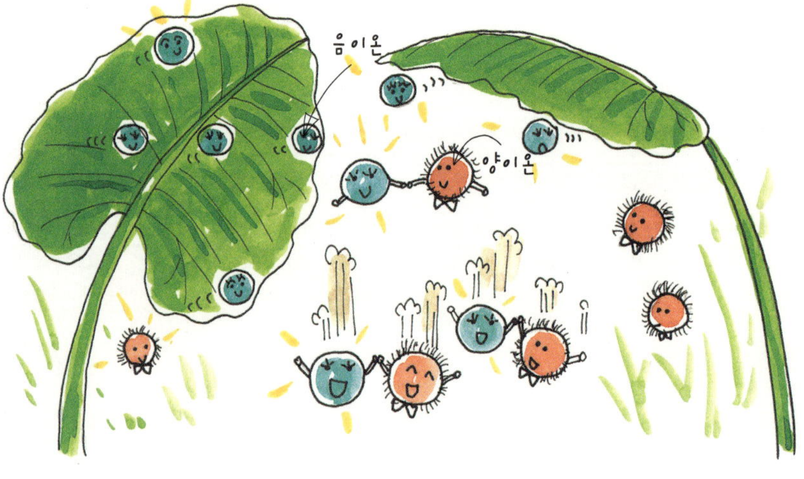

세균 걱정 없는 가습기

식물은 잎이나 줄기를 곧게 지탱시키고, 또 광합성을 지속적으로 하기 위해 끊임없이 물을 먹어야 한다. 식물의 뿌리를 통해 흡수된 물은 잎의 뒷면에 있는 기공을 통해 기체 상태로 빠져나간다.

이처럼 식물이 흡수한 물을 다시 공기 중으로 내놓는 작용을 증산 작

용이라고 하며, 이 증산 작용은 뿌리가 물을 흡수하는 원동력이기도 하다. 즉, 증산 작용에 의해 수분이 빠져나가면 식물 내부에 압력 변화가 생기면서 뿌리에서 위쪽으로 물을 끌어올리는 힘이 생긴다. 한편, 식물에 따라 차이는 있겠지만 하루 동안 식물체가 증산 작용으로 내보내는 수분의 양은 가습기 한 대의 역할을 톡톡히 할 수 있다.

그런데, 식물은 항상 동일한 양의 수증기를 내보내지 않고 주변 환경에 따라 양을 조절한다. 토양이 건조해 뿌리에서 물을 공급받지 못하면 기공을 닫고 수분의 손실을 최소화하는 것이다. 이때 기공을 여닫는 역

할은 공변세포라는 특수한 세포가 맡고 있다.

이처럼 공변세포가 발달한 이유는 뿌리에서 흡수하는 수분보다 더 많은 양의 수분이 증산 작용으로 방출되면 식물체가 시들기 때문이다. 따라서 식물이 시들지 않을 만큼 물을 공급해 주면 공기의 수분 상태에 맞추어 증산 작용이 일어나므로 인간에게 적당한 습도를 유지해 준다. 그야말로 천연 가습기인 셈이다.

식물은 이러한 습도 조절뿐만 아니라 공기를 순환시키는 역할도 한다. 증산 작용이 진행되면 수분이 흙에서 식물의 뿌리를 통해 위쪽으로 빠르게 이동한다. 이때 신선한 실내 공기가 뿌리의 압력에 이끌려 흙 표면을 통해 뿌리 주변으로 끌어당겨진다. 즉, 뿌리가 흙을 통해 숨을 쉬는 과정에서, 저절로 공기의 순환이 일어나는 것이다. 이처럼 식물의 증산 작용은 실내의 습도 유지뿐만 아니라 위쪽과 아래쪽의 공기를 순환시키는 역할도 한다.

▶ 기공과 공변세포

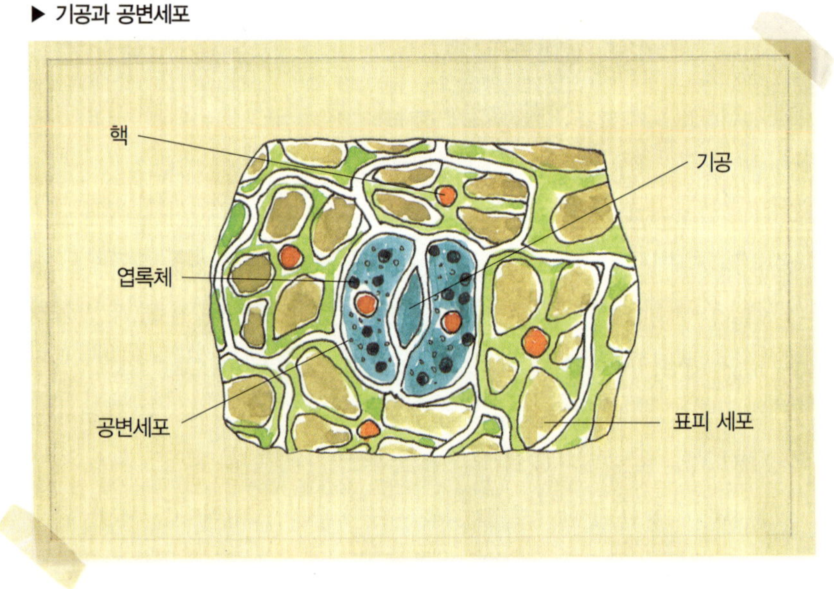

벌레까지 잡아 주는 식물

광합성에 관여하는 화학 원소는 탄소, 산소, 수소 단 세 가지뿐이다. 하지만 식물을 태워 보면 질소를 비롯한 다른 원소도 들어 있음을 알 수 있다. 그렇다면 광합성과 관계가 없는 나머지 원소들은 도대체 어디에서 오는 걸까?

특히, 단백질의 구성 요소인 질소 성분은 식물의 생장에 필수적인 원소이다. 공기의 78%가 질소임에도 불구하고 식물은 공기 중의 질소를 이용할 수가 없다. 따라서 식물은 뿌리를 통해 토양에서 질소를 비롯한 기타 원소들을 흡수한다. 땅속에는 동물의 사체가 썩으면서 발생한 암모니아(NH_3)가 많은데, 식물은 이러한 질소 조각들을 통해 질소 원소를 흡수하는 것이다.

그런데 거의 모든 식충 식물은 일반 식물이 자라기 힘든 곳, 즉 영양분이 부족하고 산성도가 높은 지역에서 자란다. 이런 곳에는 비료 성분의 하나인 질소 성분이 턱없이 부족하다. 그래서 식충 식물들은 부족한 질소 성분을 섭취하기 위해 곤충을 잡아먹는다.

대표적인 식충 식물로 우리 주변에서도 가끔 볼 수 있는 '파리지옥'

이 있다. 파리지옥은 잎을 변형하여 덫을 만들었다. 이 덫의 한쪽에는 세 개의 작은 털 모양의 방아쇠가 있어 곤충이 덫을 스치고 지나갈 때 튀어 오르도록 되어 있다. 휴식 상태일 때는 덫이 열려 있다가 곤충이 앉으면 갑자기 톱니 모양의 잎이 굳게 닫히면서 곤충을 잡아먹는다.

우리는 파리나 모기를 잡기 위해 온갖 약을 뿌리고, 파리채 같은 것으로 직접 잡기도 한다. 하지만 이러한 식충 식물을 집 안에 키운다면 몸에 해로운 화학 약품을 뿌리거나 따로 수고를 하지 않고도 벌레를 잡을 수 있을 것이다.

파리지옥이 벌레를 잡아먹는 모습

확장 교양

기능성 식물 중에는 역시 산삼이 최고!

중국을 최초로 통일한 진시황은 불로초를 먹으면 영원히 살 수 있다고 생각했다. 조금은 허황되고 욕심이 가득한 인간의 면모를 확인할 수 있는 이야기다.

물론 영원히 늙지 않게 하는 식물은 없다. 그렇지만 우리의 건강을 지켜 주는 식물은 분명 있다. 흔히 약초라고 부르는 약용 식물이 바로 그것이다.

약초는 그 자체로 약이 되거나 약의 원료가 되는 식물을 말한다. 우리 선조들은 옛날부터 약초의 효능에 대해 해박한 지식을 가지고 있었다. 이 지식을 바탕으로 오늘날의 한의학이 성립됐다고 해도 무방할 것이다.

그렇다면 유명한 약초에는 어떤 것들이 있을까? 당연히 약초의 제왕이라 일컬어지는 산삼을 꼽을 수 있을 것이다.

산삼은 원기를 북돋아 주고 두뇌 활동과 정신력을 왕성하게 하며, 당뇨, 암, 혈압, 간 및 심장 질환 등 각종 성인병을 예방하는 효능이 있는 것으로 알려졌다. 특히, 혈당치를 저하시키는 아드레날린과 인슐린 생성에 영향을 주어 당뇨병에 탁월하다는 것이 임상 실험으로 입증되기도 했다.

산삼 이외에도 우리나라 산천에는 수없이 많은 약초들이 널려 있다. 이러한 약초들의 효능을 과학적으로 검증하여 적절하게 활용할 수 있다면, 인체에 해롭다는 것을 알면서도 어쩔 수 없이 사용하는 각종 화학 약품의 사용을 줄일 수 있을 것이다.

You Know What?

식충 식물 기르기

해마다 여름이면 어김없이 찾아와 우리를 괴롭히는 게 있다. 그것들은 다름 아닌 파리와 모기이다. 그러나 식충 식물들이 있으면 파리와 모기 걱정은 하지 않아도 될 것 같다.

끈끈이주걱

벌레잡이통풀

올여름에는 집에서 직접 식충 식물을 길러 보자. 집에서 기를 만한 식충 식물로는 앞에서 소개한 파리지옥 외에도 끈끈이주걱, 벌레잡이제비꽃, 벌레잡이통풀, 사라세니아 등이 있다.

이들 식충 식물은 생각보다 가격도 저렴하고 보기에도 아름답다는 장점을 가지고 있어 집에서 기르기에 안성맞춤이다.

식충 식물들은 주로 습한 조건을 좋아하기 때문에 물을 정성껏 주는 것이 가장 중요하다. 물 주기를 게을리 하면 쉽게 죽을 수도 있다. 또, 재미있다고 벌레를 너무 많이 먹이면 식충 식물에게 좋지 않으므로 주의해야 한다. 이는 우리도 과식하면 좋지 않은 것과 비슷한 이치이다.

찾 아 보 기

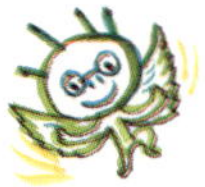

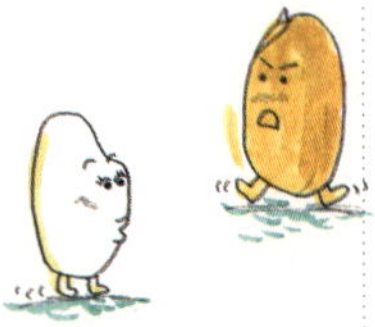

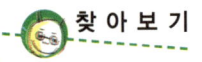

ㅈ

ㅊ

ㅋ

ㅌ

ㅍ

ㅎ

상위 5% 총서

상위 5%로 가는 생물교실 3 | **응용 생물**

초판 1쇄 발행 2008년 7월 10일 초판 14쇄 발행 2017년 5월 25일

글 신학수, 이복영, 백승용, 구자옥, 김창호, 김용완, 김승국
그림 김중석
펴낸이 연준혁 **스콜라 부문대표** 신미희

출판 5분사 분사장 윤지현

펴낸곳 (주)위즈덤하우스 미디어그룹 • **출판등록** 2000년 5월 23일 제13-1071호
제조국 대한민국 • **주소** 경기도 고양시 일산동구 정발산로 43-20 센트럴프라자 6층
전화 (031)936-4000 • **팩스** (031)903-3891
전자우편 scola@wisdomhouse.co.kr • **홈페이지** www.wisdomhouse.co.kr

ISBN 978-89-6247-019-2 74400
ISBN 978-89-92010-77-1 (세트)

특별부록

논술로 다시 읽는 응용 생물

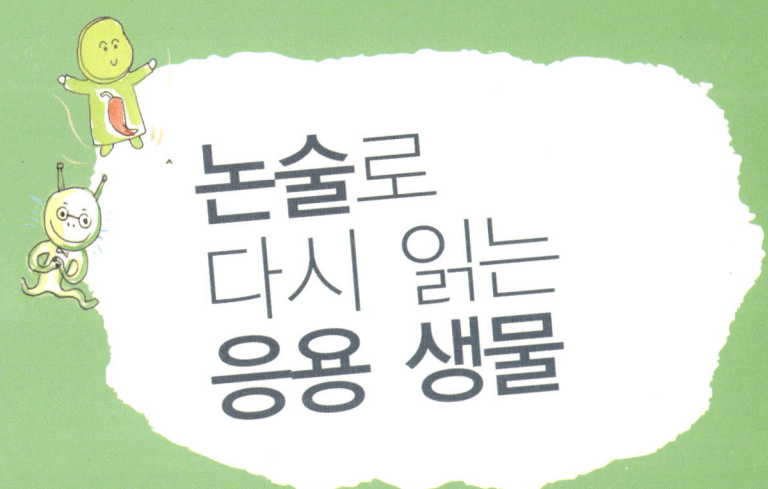

- 첫 번째 마당 – **배경 지식 점검하기**

  도전, 골든 벨!

- 두 번째 마당 – **지식을 깊게 하기**

  생태계의 기본 법칙

- 세 번째 마당 – **지식 확장하기**

  전통 발효 식품의 이해

논술 집필

대표집필_신현숙(한국언어사고개발원 부원장)

최윤지(한국언어사고개발원 연구원), 신운선(한우리독서문화운동본부 강사), 김은영(독서교육기관 강사), 김주희(평생교육원 독서논술 강사), 신혜금(평생교육원 논술, 독서치료 과정 강사), 인선주(한우리독서지도사, 한국독서지도연구회 연구원)

첫 번째 마당

배경 지식 점검하기

도전, 골든 벨!

아는 것이 없으면 쓸 것도 없지요. 그래서 논술을 잘 하기 위해서는 탄탄한 배경 지식이 필요하답니다. 자, 오늘은 생물책을 읽었으니 얼마나 많은 배경 지식을 쌓았는지 점검해 보기로 할까요?

아래 문제를 잘 읽고, 맞으면 ○, 틀리면 ×로 표시하세요.

1. 야생 동 · 식물은 아름다움과 신기함 및 기쁨의 근원이 되며, 돈으로만 따질 수 없는 가치를 지니고 있다. 이러한 생물 자원을 보호하기 위한 방법으로 종자 은행이 설립되었다. (　)
2. 인슐린은 체내에서 생산되는 물질로 혈액 속의 포도당을 세포로 이동시켜 혈액의 혈당량을 낮추어 주는 역할을 한다. (　)
3. 인슐린이 부족하여 탄수화물 대사에 이상이 생기는 질환은 신장병이다. (　)
4. 활성 산소를 잡아서 안정화시켜 주는 물질로 비타민 D가 있다. (　)
5. 기초 대사란 신체가 생명을 유지하는 데 필요한 최소의 에너지 소비를 말한다. (　)
6. 기초 대사량을 늘리기 위해서는 근육량을 늘려야 한다. (　)
7. 독감 예방 접종은 독감이 유행하기 최소 2주 전까지는 맞아야 한다. (　)
8. 유산균은 김치를 숙성시키고 부패균을 막아 준다. (　)
9. 청국장에 있는 끈적끈적한 실은 글루탐산과 과당이 만드는데, 글루탐산은 칼슘 흡수를 촉진하여 골다공증 예방에도 효과가 있다. (　)

10. 포플러는 유기 양분이 들어 있는 폐수를 하루에 5L 이상 흡수해 양분은 생장에 사용하고 나머지는 증산 작용을 거쳐 대기로 방출해 오염된 토양을 정화한다. (   )

11. 유전자 조작 생물체는 다른 식품에 비해 안정성이 뛰어나다. (   )

12. 씨라고도 불리는 종자는 자신이 살아가기에 적당한 환경이 될 때까지 휴면한다. (   )

13. 은행나무는 중금속을 흡수한다. (   )

문제를 다 풀었나요? 생각보다 쉬웠죠? 만약 틀린 문제가 있다면 다시 책을 찾아 확인해 보세요.

그럼 지금부터 〈생물 응용〉에 관한 두 가지 지식을 확실히 갖게 해 주는 논술 공부를 시작하겠습니다. 자, 함께 출발할까요?

도전 골든 벨! O·X 퀴즈 정답

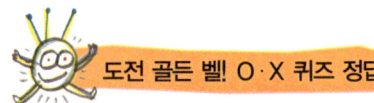

1－O, 2－O, 3－(X, 당뇨병), 4－(X, 비타민 A, C), 5－O, 6－O, 7－O, 8－O, 9－O, 10－O, 11－X, 12－O, 13－O

두 번째 마당

지식을 깊게 하기

생태계의 기본 법칙

흙돌이와 물순이, 은행나무가 이야기를 나누고 있네요. 그런데 흙돌이와 물순이에게 문제가 생긴 것 같군요. 어떤 문제인지 다음 자료를 참고하며 자세히 알아보도록 합시다.

자료 1

팔당호, 곤충 · 조개류 급감… 생태계 파괴 '비상'

국립 환경과학원 한강 물환경 연구소가 지난해 실시한 '팔당호 생태 조사 결과'에서 팔당호에는 52종의 수서 곤충과 조개류가 살고 있는 것으로 드러났습니다. 2003년 조사된 70종보다 18종이 줄었고, 82종이 서식하던 1988년과 비교하면 40% 가까이 적어진 수치입니다.
최근 잦은 홍수로 흐리고 더러운 물이 늘어난 것이 주원인으로 분석됩니다.
팔당호는 그 동안 양호한 생태계와 종 다양성을 갖춰 국내 최고 수준의 생태 보고로 꼽혀 왔습니다.
그러나 조개류가 줄면 조개 몸속에 산란하는 물고기도 함께 줄어 결국 생태계 파괴로 이어질 수 있습니다. 정부는 흙탕물 저감 대책을 마련해 팔당호 생태계를 보전하는 작업에 들어갔습니다. 그러나 해마다 자주 발생하는 홍수 때문에 급감하는 조개류 보호가 쉽지는 않을 것으로 우려됩니다.

SBS 뉴스 2007년 5월 14일

자료 2

우리나라는 농약의 과다 사용과, 전국에 산재해 있는 약 900여 개의 폐광산에서 광석 찌꺼기를 광산 주변에 방치하여 각종 유해 중금속들로 인한 토양 오염이 심각한 상태이다. 토양 오염을 처리하려면 시간이 오래 걸리고 비용도 막대하게 든다.

생각해 볼 문제

1. 흙돌이와 물순이에게 닥친 문제는 무엇이고 원인은 뭔가요?
2. 흙돌이와 물순이의 문제 해결 방법에는 어떤 것이 있을까요?
3. '모든 생물은 서로 연관되어 있다' 라고 전제했을 때 그 이유는 무엇일까요? (답은 한 단락으로 씁니다.)

자, 먼저 흙돌이와 물순이에게 닥친 문제와 원인을 찾아봅시다. 표로 작성하면 일목요연하게 볼 수 있어요.

이러한 문제에 대한 해결책은 무엇일까요? 자연을 이용하는 방법과 인간이 노력해야 하는 방법으로 나누어 생각해 봅시다.

	문제	문제의 원인
흙돌이	토양 오염이 심각하다	농약 사용, 폐광산의 중금속 오염, 쓰레기 등
물순이	수질 오염이 심각하다	생활하수, 공장 폐수, 축산 폐수 등

- 환경 오염
  - 토양 오염
    - 자연 이용
      - 지렁이를 이용 – 흙 정화
      - 은행나무 심기 – 중금속 흡수
    - 인간의 노력
      - 쓰레기를 함부로 버리지 않는다.
      - 농약 사용을 자제한다.
      - 나무를 많이 심는다.
      - 인간의 자연관 변화 등
  - 수질 오염
    - 자연 이용
      - 포플러 심기 – 폐수 처리
      - 부레옥잠, 갈대 심기 – 산소 공급
    - 인간의 노력
      - 쓰레기를 함부로 버리지 않는다.
      - 폐수를 함부로 버리지 않는다.
      - 폐수 처리장을 만든다.
      - 인간의 자연관 변화 등

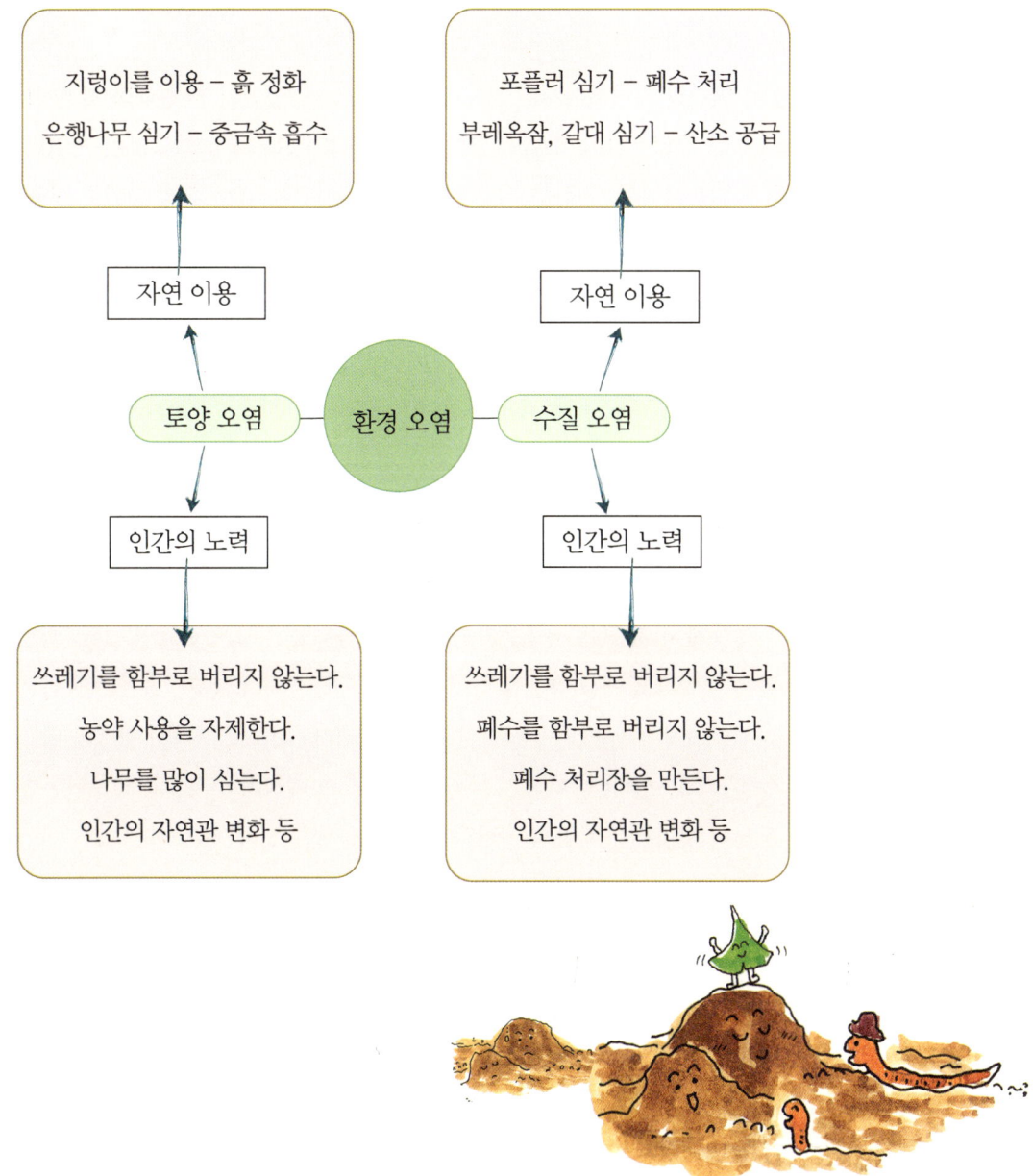

문제를 풀면서 생각해 보니, 환경오염 문제나 생태계의 파괴는 인간의 직접 또는 간접적인 행위의 결과인 경우가 대부분이라는 생각이 들지요?

환경오염은 인구 증가나 산업 발달로 인한 각종 오염 물질의 증대, 오락이나 상업적인 목적을 위한 과도한 사냥, 포식자나 경쟁자 또는 병원성 생물과 같은 외래종의 이입 등도 그 원인이 됩니다.

또한 인간의 자연관에서도 그 원인을 찾아볼 수 있겠지요. 현대와 같은 산업 사회에서 인류는 자기 위주로 생각하며 자연을 정복 대상으로 보는 자연관을 가지고 있으니까요. 인간과 자연은 별개의 것이라는 전제 하에 자연을 보호하려는 의도보다 개발하고 이용하려는 생각이 지배적이니 문제를 더욱 부추기는 것이라고 할 수 있습니다.

자, 그럼 지금까지 생각한 것들을 종합하면, 마지막 문제를 해결할 수 있을 거예요. 왜 모든 생물은 연관되어 있을까요?

예시 글

생태계 내의 모든 생물은 마치 기계 부품처럼 서로 연결되어 있다. 식물은 햇빛과 땅에서 양분을 얻고, 동물은 식물을 먹고 산다. 동물은 죽어 미생물에 의해 분해되어 땅으로 흡수되고 땅은 식물에게 다시 풍부한 영양분을 제공한다. 이처럼 모든 생물은 서로의 에너지와 양분을 주고받음으로써 생명을 유지할 수 있기 때문에 서로 밀접한 관계를 맺고 있는 것이다.

세 번째 마당

지식 확장하기

전통 발효 식품의 이해

아래 광고 모델들이 주장하는 내용의 공통점은 무엇일까요?

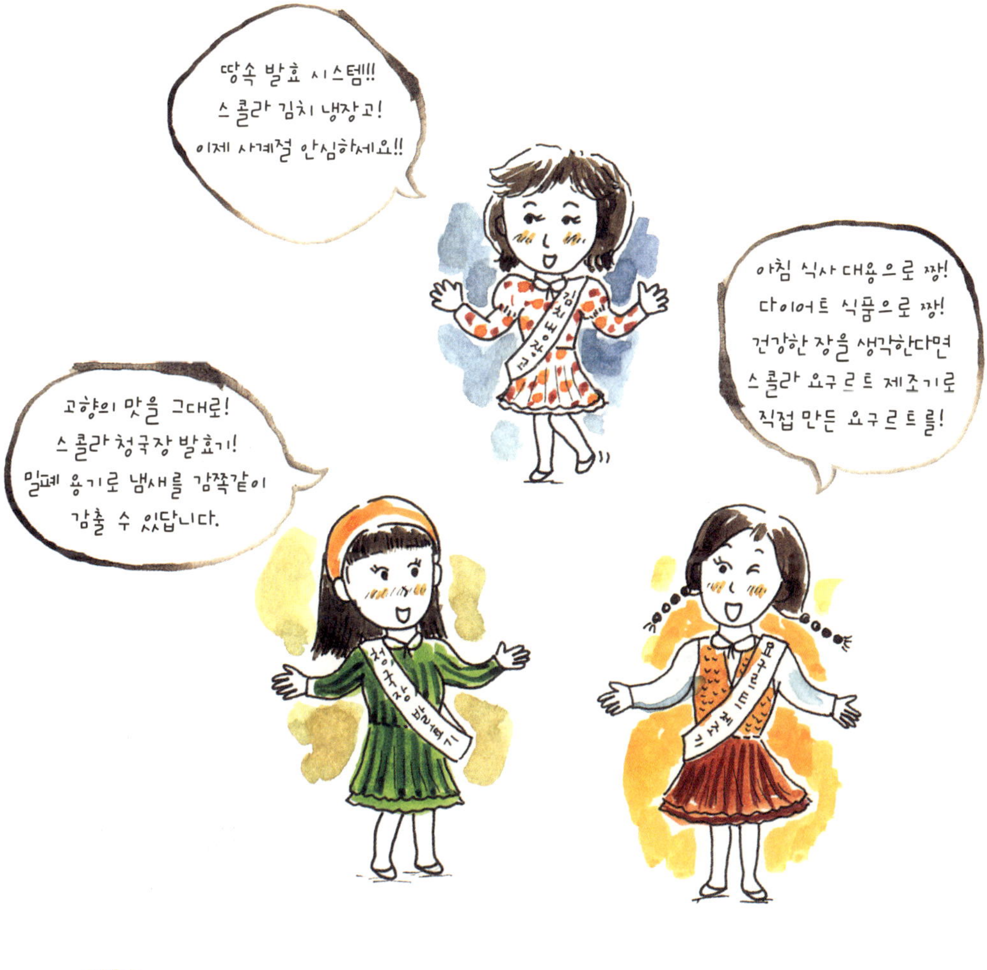
땅속 발효 시스템!! 스콜라 김치 냉장고! 이제 사계절 안심하세요!!
아침 식사 대용으로 짱! 다이어트 식품으로 짱! 건강한 장을 생각한다면 스콜라 요구르트 제조기로 직접 만든 요구르트를!
고향의 맛을 그대로! 스콜라 청국장 발효기! 밀폐 용기로 냄새를 감쪽같이 감출 수 있답니다.

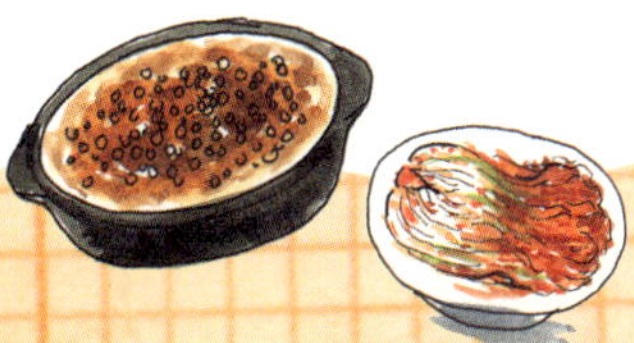

광고를 보자마자 공통점을 찾아냈죠? 맞아요! 바로 '발효'예요!

우리의 조상은 냉장고가 없던 오래전부터 김치를 비롯한 된장, 고추장, 간장, 젓갈, 막걸리, 식혜, 식초, 청국장 등의 발효 식품을 애용해 왔답니다. 그중 김치는 세계 5대 건강식품으로 선정되기도 했어요.

발효 식품의 대표적인 예인 김치의 효능을 살펴볼까요? 김치는 총 칼로리는 높지 않으나 야채라는 식물성과 젓갈이라는 동물성을 이상적으로 결합한 식품이에요. 특히 김치에 들어가는 여러 양념이 배추와 함께 숙성되면서 당, 펩티드, 아미노산 등을 만듭니다. 김치를 담그면 처음엔 여러 가지 미생물이 재료 속에 든 당분을 분해해요. 이 과정에서 이산화탄소가 나와 김치 포기 속의 공기를 밀어낸답니다. 이때부터 공기(산소)를 싫어하는 유익한 유산균이 번식하며 발효가 일어나면서 김치가 익어요. 유산균은 김치를 숙성시키고 부패균을 막아주며, 유산균의 작용으로 생긴 유산은 김치 특유의 상쾌하고 새콤한 맛과 향을 내게 한답니다.

유산균은 장에서 위염의 원인균인 헬리코박터 균과 식중독의 원인균인 리스테리아 등 유해 세균을 억제, 제거하는 기능을 갖고 있어요. 또한 위에서는 단백질 분해 효소인 펩신 분비를 촉진해요. 또 배추에는 섬유소가 많아 변비를 예방할 수 있어요.

생각해 봅시다!

1. 발효와 부패의 차이점을 써 보세요.
2. 발효 식품에는 무엇이 있는지 세 가지 이상 쓰고 우리 몸에 미치는 영향을 서술하세요.
3. 김치를 담그기 위해서는 배추를 절여야 합니다. 배추를 절이는 시간을 단축시킬 수 있는 방법은 무엇이 있을까요? 자신의 생각을 서술하세요.

발효와 부패의 차이는 무엇일까요?

발효 반응과 부패 반응은 비슷한 과정으로 진행되지만 우리의 생활에 유용하게 사용되는 물질이 만들어지면 발효라 하고 악취가 나거나 유해한 물질이 만들어지면 부패라고 합니다.

우선 발효의 결과 생성되는 물질은 요구르트, 김치, 치즈, 술 등이 있어요. 이것은 사람이 먹을 수 있으나, 부패된 것을 먹으면 식중독을 일으키거나 죽음에 이르게 됩니다. 부패균이 활동을 하면 아민 및 황화수소라는 물질이 생성되면서 악취가 발생하죠.

또한 부패균은 유기 화합물이 자연 상태에 놓여 있을 때 대개는 예외 없이 나타나지만, 발효는 일반적으로 특정한 조건과 환경을 갖추었을 때 균류가 작용을 해서 나타납니다.

그렇다면 이런 발효 과정을 통해 만들어지는 식품에는 무엇이 있고 효능은 어떨까요? 표로 만들어 간결하면서도 보기 쉽게 정리해 봅시다.

발효식품	우리 몸에 미치는 영향
김치 	• 김치의 젖산균이 우리 몸에 있는 유해한 균의 번식을 억제한다. • 양념인 고추는 비타민 A 함량이 많고, 특히 비타민 C는 인체의 노화를 억제하는 것으로 알려져 있다. • 김치의 주재료로 이용되는 배추 등의 채소는 대장암을 예방해 주며, 섬유질은 변비를 예방해 준다. • 김치의 재료로 꼭 들어가는 마늘은 강력한 살균 효과와 더불어 비타민 B_1의 흡수를 촉진하고 신진대사를 활성화하며 위암을 예방해 준다.
청국장 	• 청국장에 풍부하게 들어 있는 레시틴은 인슐린의 분비를 왕성하게 해 주고, 동시에 동맥 경화의 원인이 되는 혈액 속의 지방분을 감소시키는 효과가 있다. • 비타민 E의 항산화 작용으로 우리 몸에 해를 끼치는 활성 산소를 막아 주고 몸속의 지방이 산화되는 것을 막아 노화나 주름살을 방지하는 효과가 있다. • 청국장에 있는 레시틴은 혈관에 달라붙은 콜레스테롤을 씻어내어 혈액 순환을 부드럽게 해 주며 심장병이나 뇌졸중의 원인이 되는 혈전을 녹여 준다. • 콩의 사포닌은 암을 억제하는 효과가 있다. 사포닌과 식이섬유는 유해 성분이 장점막과 접촉하는 시간을 줄이고 유해 성분을 흡착해서 독성을 약하게 하는 작용을 한다.

요구르트 	• 유산균 발효유는 우유에 함유된 영양소 외에 유산균이 생성하는 효소 및 비타민 등 2차적인 효과를 지니고 있는 알칼리성 영양식품이다. • 비피더스 균은 티아민, 리보플라민, 비타민 B_1, B_2, B_6, B_{12}와 비타민 K 등을 합성하는 능력이 탁월하다. • 비타민 B군은 성장기의 발육 촉진, 조혈 작용, 피부 미용에 도움을 주는 효과가 있다. • 유산균 발효유는 면역을 담당하는 세포의 분열 및 증식을 촉진시켜 면역 기능을 활성화시킨다. • 발효유를 섭취하면 소장 내에서 콜레스테롤의 흡수를 막아 혈중 콜레스테롤 농도를 적정하게 유지시켜 준다.
그 외 와인, 식초, 각종 장류, 막걸리, 식혜, 치즈 등	

우아! 발효 식품의 효능이 대단하네요. 발효 식품만 잘 찾아 먹어도 우리의 몸은 끄떡없겠는걸요. 소개된 식품 외에도 여러 가지 발효 식품이 있네요. 다른 식품의 자세한 효능을 알고 싶다면 자료를 더 찾아보면 될 거예요.

잠깐! 자료를 찾는 방법은?

- 관련 책이나 백과사전을 찾아요.
- 전문가나 선생님, 부모님께 여쭈어 봐요.
- 인터넷 검색을 해 보아요.

필요한 자료를 수집했으면 이것을 바탕으로 어떻게 서술할지 먼저 정하면 되겠지요? 정식 논술이 아니더라도 서술을 할 때는 다음과 같은 절차를 따르면 좋아요.

논제 파악 → 자료 수집 → 자료 정리 → 개요 짜기 → 쓰기 → 다듬기

모든 준비가 끝났으면 논제에 맞는 답안을 작성해 봅시다.

3번 문제에서는 배추를 절이는 시간을 단축시킬 수 있는 방법을 묻고 있네요. 몇 가지 방법을 생각해 보고 그중 어느 방법이 가장 적합할지 논리적으로 따져 봅시다.

첫 번째 방법 : 찬물에 적은 양의 소금	두 번째 방법 : 미지근한 물에 많은 소금	세 번째 방법 : 뜨거운 물에 많은 소금

잠깐 상식!

배추가 절여지는 과정에서 가장 중요한 과학 원리는 바로 삼투압 작용이랍니다.

1877년 독일의 식물학자 W. 페퍼는 삼투압에 관한 최초의 실험을 했어요. 페로시안화구리 막을 반투막으로 하여 여러 가지 조건의 온도와 농도에서 설탕물로 삼투압을 실험하였어요. 그 결과 '삼투압은 일정 온도에서 농도에 비례하고, 일정 농도에서는 절대 온도에 비례한다' 는 사실을 알아냈습니다. 네덜란드의 화학자 반트호프는 1887년에 이러한 실험 결과를 바탕으로 '반트호프의 삼투압 법칙' 이라는 관계식을 만들었답니다.

P(삼투압)＝C(용액의 물 농도)×R(기체 상수)×T(절대 온도)

위 법칙에서 보듯이 삼투압 작용은 농도 차이가 클수록, 온도가 높아질수록 잘 이루어진다고 할 수 있어요.

배추가 절여지는 과정은 농도가 낮은 배추 속의 물(용매)이 농도가 높은 소금물 쪽으로 이동하는 현상이랍니다. 이때 삼투압이 클수록 배추가 빨리 절여지겠죠. 따라서 가장 적당한 배추 절이는 방법은, 미지근한 물에 소금을 듬뿍 넣어 녹인 후 시간을 단축시키는 방법이라고 할 수 있어요. 뜨거운 물에 하면 더 빨리 절일 수 있겠지만 김치를 담글 수는 없겠죠?

레이첼 카슨은 “우리가 이겨야 할 대상은 자연이 아니라 우리들 자신이다. 매사를 경쟁 관계로 보는 우리 시각이 문제다. 성숙한 눈으로 자연과 우주를 바라볼 수 있도록 우리 스스로의 문제를 깨달아야 한다”라고 했어요.

환경 변화의 문제를 책임지고 해결해야 할 사람은 바로 우리 자신이지요! 이미 파괴되어 버린 환경을 복구하려는 노력과 환경이 파괴되지 않게 하려는 노력이 함께 이루어져야 할 거에요. 우리가 추구하는 웰빙(Well-Being)은 ‘복지, 안녕, 행복’으로 우리 몸과 마음을 유기적으로 결합해 인생을 풍요롭고 행복하게 살자는 뜻이에요.

이번 논술에서는 우리 주변 환경에 대해 생각해 보았습니다. 알게 된 것으로만 그치지 않도록 함께 노력해 보는 건 어떨까요?